漫畫 comics

昭和史

コミック昭和史

1.

水木茂

水木しげる

酒呑童子——訳

Mizuki Shigeru
Showa: A History of Japan

1926——→1939

Mizuki Shigeru
Showa: A History of Japan

目次 Contents

●關東大地震～滿州事變

コミック昭和史 1

昭和元年，當時四歲的水木茂
在家鄉鳥取的一切所見所聞，
都令他感到驚異不已。
對這樣子的他來說，自然想不到
昭和接下來即將陷入一場大動盪，
仍處於人生中最幸福的一刻——
昭和史
關東大地震～滿州事變

十幾年後——
水木上等兵被派往戰場，等待著他的則是
嚴峻的大自然，以及美軍如暴風雨般的攻擊。

昭和經歷了十五年戰爭，最後悲慘戰敗。

戰後的東京，
在雜然林立的簡易住宅之間，
迎接軍人返鄉的洶湧人潮
擠得水洩不通。

狹小的空地
不僅是孩子們的遊樂場，
同時也充作權宜的家庭菜園，
對人們來說
是極其重要的
場所——
在戰後的黑市裡，
原本還以為這輩子
再也吃不到零食了……
卻有了
意料之外的復興——

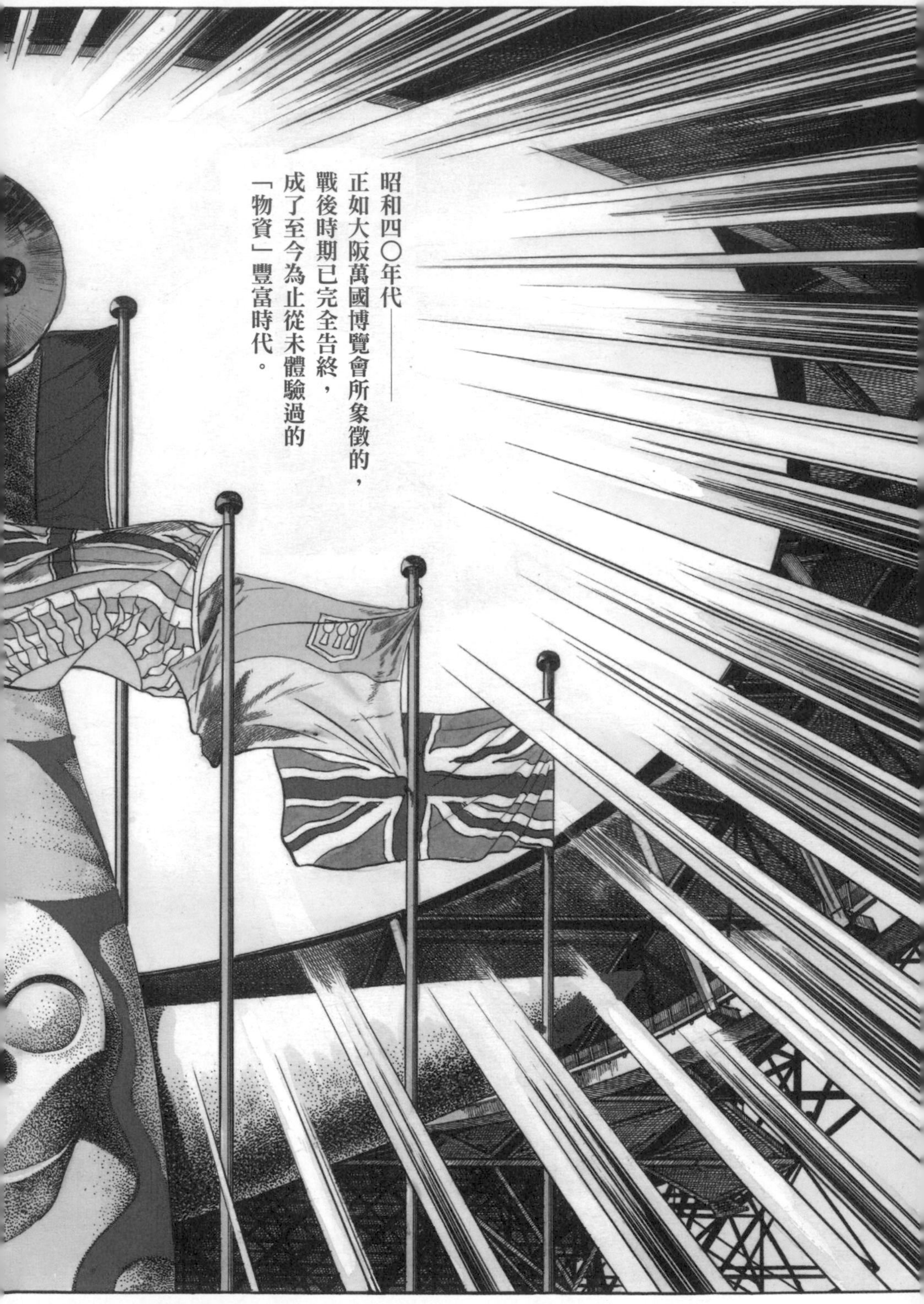
昭和四〇年代——
正如大阪萬國博覽會所象徵的，
戰後時期已完全告終，
成了至今為止從未體驗過的
「物資」豐富時代。

即為所謂的高度成長時代——

五〇年代以降，進入前所未有的繁榮——
但不知怎麼的，幸福感就是無法湧現。
而這樣的昭和史，竟偶然地
與我的生命史相互疊合——
ブリヂストン

序章

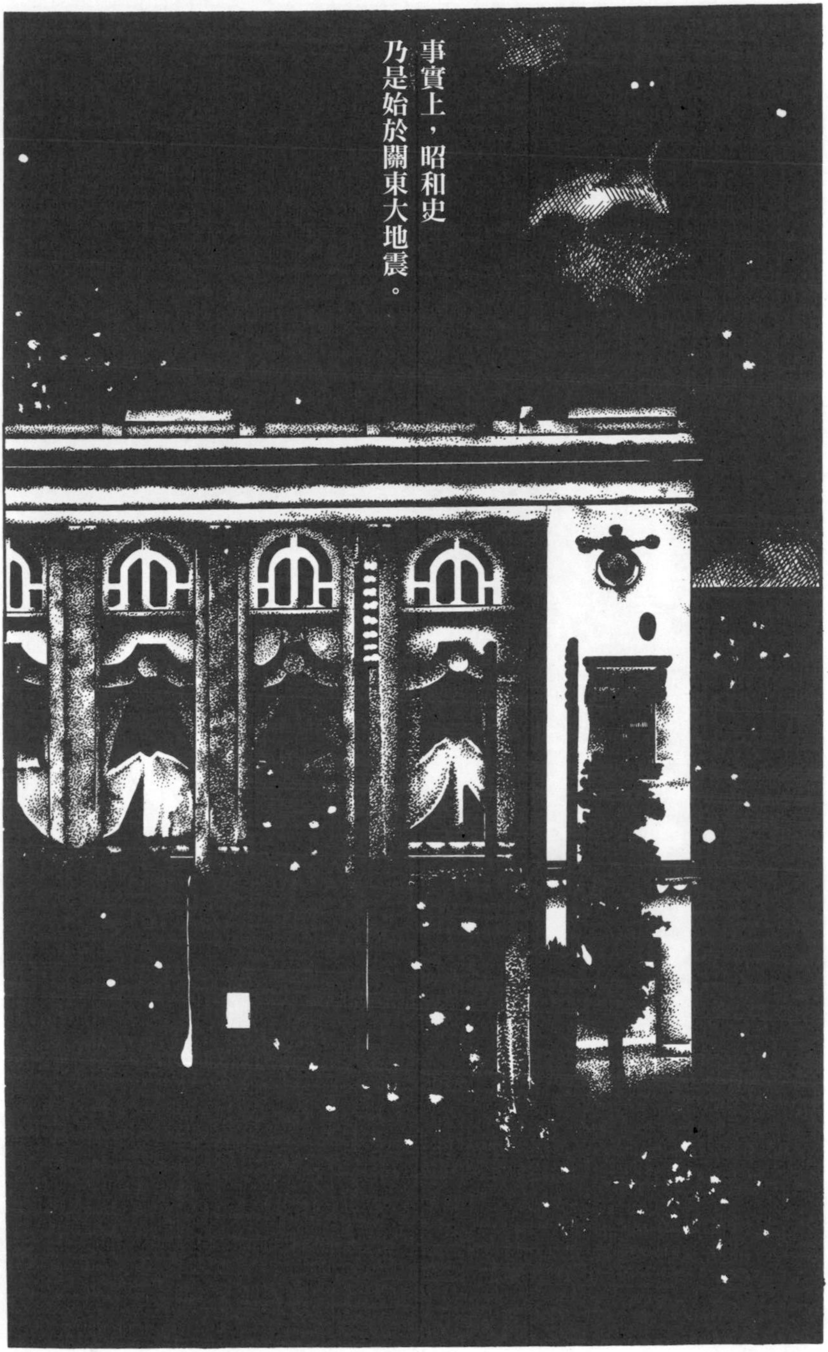
事實上，昭和史
乃是始於關東大地震。

＊咚咚咚咚咚
ズドドドドドドド
大正十二年（一九二三）九月一日上午十一點五十八分，關東地方南部發生大地震，震源位於相模灣海中芮氏規模七．九。
在關東大地震發生之後，離震源很近的神奈川縣自然不在話下，就連日本首都東京也是一片斷垣殘壁，再加上隨之而來的火災，遭受了毀滅性的打擊。
＊隆—隆

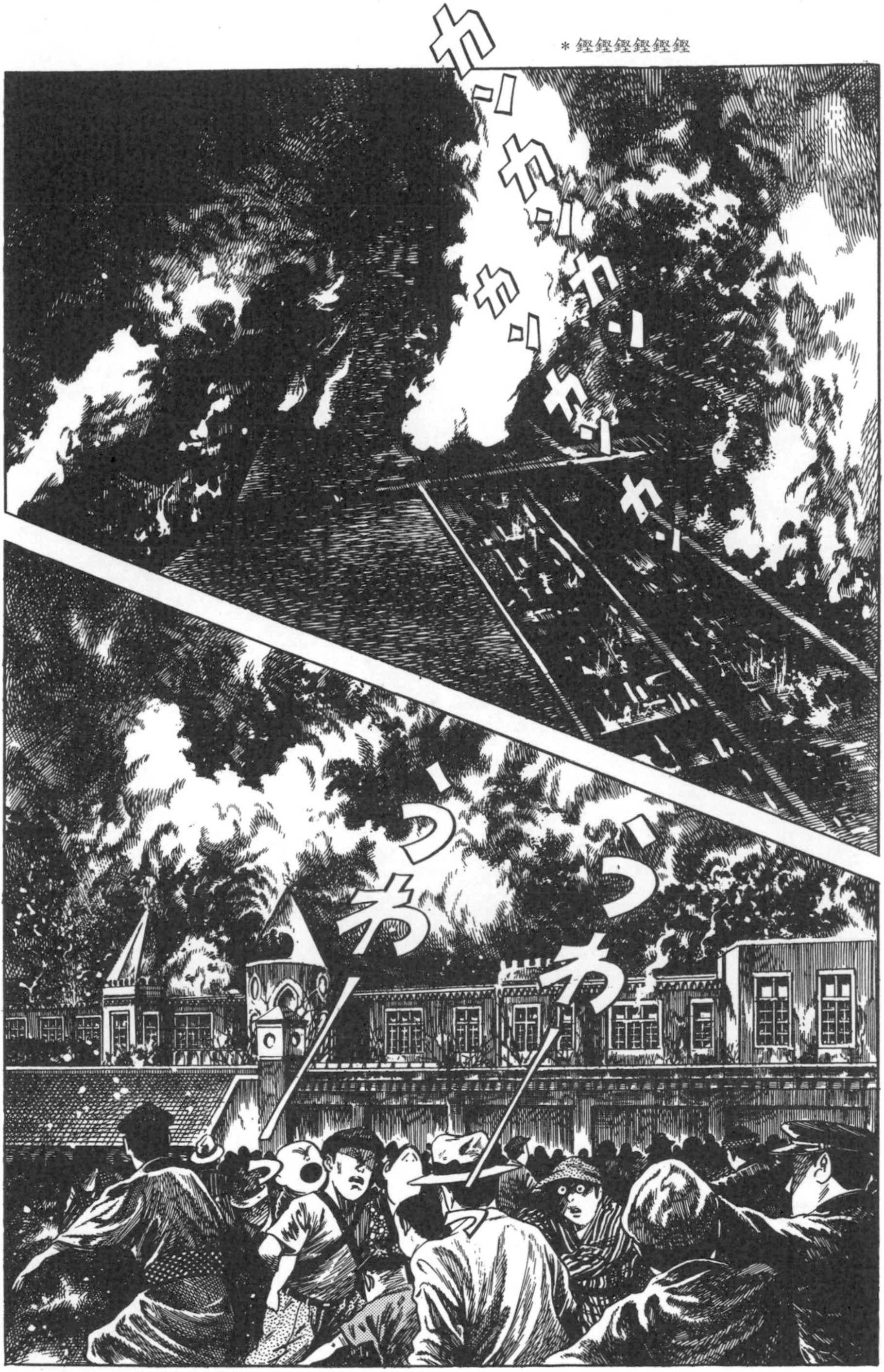
＊鏗鏗鏗鏗鏗鏗
うわ
うわ
＊嗚哇——

光是東京一地，
便有十三萬人死傷，
五十七萬棟房屋倒塌，
經濟損失高達
六十五億日圓。
換算成現在的金額，
足足有二、三十兆日圓。
外
外

昭和時代
才開始三個月
便爆發金融恐慌，
其原因也是出自
這場關東大地震。

你說什麼？
焦茶商事跳票了。
啊，甘茶產業也是！
如果跳了這麼多票，我們公司就要倒閉了。
社長，就連沒有直接受關東大地震所害的金融業，
也被波及了。
嗯……
政府暫且還是在九月七日頒布了一個月的※「暫緩給付令」。

※「暫緩給付令」……當國家發生天災、戰爭等緊急狀況時，政府為了防止經濟大亂而採取的措施，讓薪資、租金以外的債務得以延後三十天支付之法令。關東大地震發生後，為救濟受害的公司和銀行，當時的山本權兵衛內閣於大正十二年（一九二三）九月七日頒布了這項措施。

能夠暫緩給付雖然值得慶幸……
不過才一個月的暫緩給付也是無濟於事。
據說被害企業所發出的票據總共高達五億。
我們公司也得小心一點才行。
是。
於是政府在九月二十七日頒布了※敕令「震災票據貼現損失補償令」。

※「震災票據貼現損失補償令」……關東大地震發生後，日本政府除了頒布「暫緩給付令」外，對於因地震導致無法兌現流通的金融票據，命令改由日本銀行進行再貼現，以救濟商業銀行之損失。於大正十二年（一九二三）九月二十七日頒布。

這個「震災票據貼現損失補償令」是什麼意思呀。
這表示政府日銀接受了震災相關※票據的再貼現。
這下剛好。
可以趁機將大正中期以來的
不良貸款，
全都改用震災票據的名義來申報。
如此一來確實大有助益，真不愧是社長……
據說這一類無法支付的票據總共高達兩億日圓。

※「票據貼現」……指持票人在票據到期前，為週轉所需，將票據轉讓給銀行，支付利息而提前取得現金。而銀行會根據貼現率和承兌匯票的剩餘天數計算，扣除應得利息。

可是，這個小腫塊卻在數年後長成了「金融之癌」。
満員ニ付
入場謝絶
過了三年半之後，局勢才在昭和二年（一九二七）三月全面爆發，原因則是拜大藏大臣的一時失言所賜。
三月十四日，※藏相※片岡直溫在眾議會的預算委員會上……
快公佈不良銀行的名單！

※「藏相」……即大藏大臣，相當於財政部長的職位。大藏省自二〇〇一年中央省廳再編後改制，現稱財務大臣。

※「片岡直溫」（一八五九～一九三四）……企業家、政治家。為日本生命保險公司的創辦人之一。於一九二六年出任第一次若槻禮次郎內閣的大藏大臣。

在野黨議員如此逼問之下，他緩緩起身回答，
東京渡邊銀行將在本日正午破產。
此言一出，得知消息的存戶不禁大吃一驚，紛紛湧至銀行。
うわ
不快點把錢領出來，就要被提領一空啦……其他銀行也不妙了！

*嗚哇——

在這種情勢之下，銀行爆發了擠兌危機，被迫暫停營業……
銀行暫停營業了，錢也領不出來。
說不定永遠都領不到了。
銀行倒閉的話就完蛋了。
我們所有的財產都存在這裡，如此一來只能舉家自殺了。

大藏大臣宣稱會倒閉的渡邊銀行，結果根本沒倒閉嘛。
什麼！
雖然經營狀況確實惡化了，但終究還是沒有倒閉。
這可是很嚴重的失言。
拜他所賜，全日本都陷入一團混亂！
うわっ
うわっ
うわっ

＊嗚哇—

＊嗚哇—

金融恐慌發展到了三月底，好幾間銀行都先後宣告破產，看似就要進入尾聲。
うわ—
うわ—
但此後隨著※鈴木商店的倒閉，第二波危機也襲捲而來………
從此片岡便被冠上了「失言藏相」的污名。
嗯……
鈴木商店要倒閉了！
咦！

※「鈴木商店」……明治初期所創立的貿易公司。原本販售台灣的砂糖、樟腦等物產，於一戰後急速擴大事業版圖，發展成當時日本最大的貿易商社。於昭和二年（一九二七）倒閉。

談到鈴木商店，就是一間廣泛經營各種台灣物產的大公司。
沒錯。
鈴木商店不僅經營散漫，大地震更成了壓垮駱駝的最後一根稻草。
作為鈴木商店的主力銀行，聽說就連※台灣銀行都自身難保了。
鈴木商店就更別提了。
……
……
台灣銀行是經營殖民地的基礎機關，應該不會淪落至倒閉。
聽說為了防止台銀倒閉，政府和日銀一共融資了七億日圓。
那就好。
再這樣倒閉下去，日本就完蛋了。
就是說呀。

※「台灣銀行」……作為台灣在日治時期的中央銀行，由日本政府在明治三十二年（一八九九）所設立的特殊銀行。二戰之後遭到解散；戰後於一九四六年與台灣儲蓄銀行、三和銀行重組，成為當時規模最大的商業銀行。

金融恐慌到了五月中旬，中堅以下的銀行終於一一遭到淘汰。
臺灣銀行

此後，金融機關也開始進行重新整編。

第1章 走失的孩子

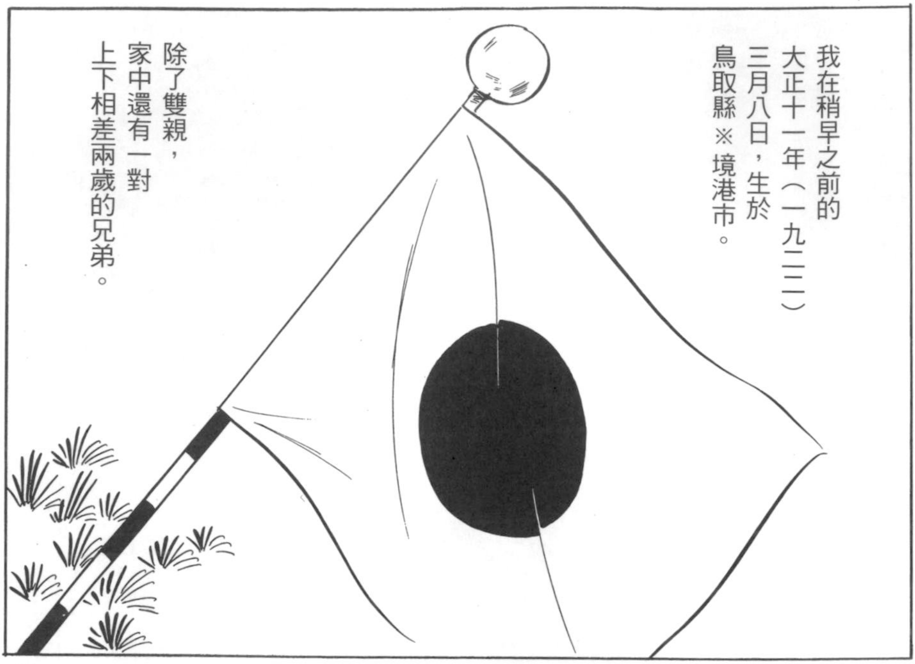
我在稍早之前的
大正十一年（一九二二）
三月八日，生於
鳥取縣※境港市。
除了雙親，
家中還有一對
上下相差兩歲的兄弟。

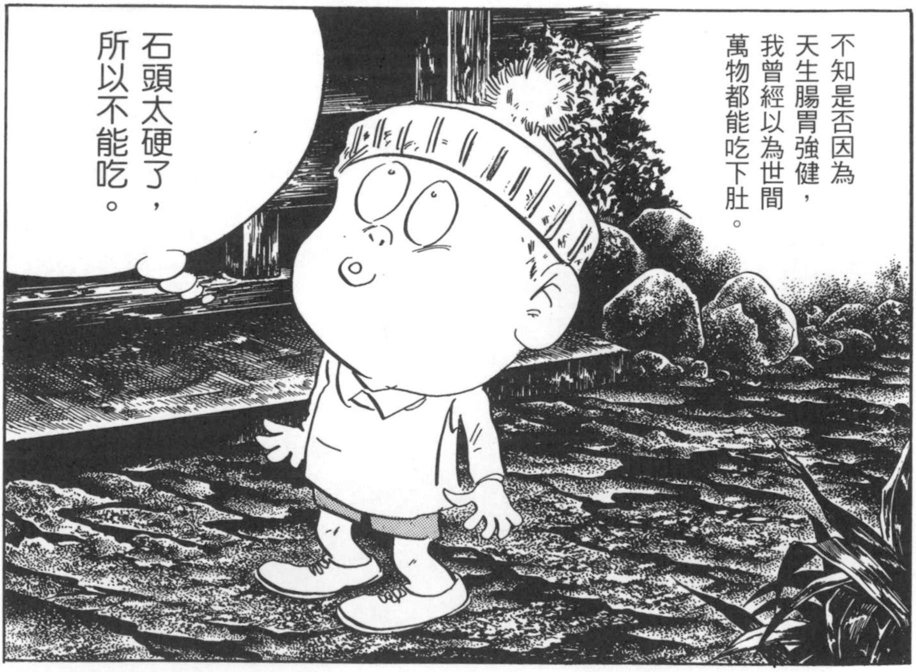
不知是否因為
天生腸胃強健，
我曾經以為世間
萬物都能吃下肚。
石頭太硬了，
所以不能吃。

※「境港市」……位於鳥取縣西部的港都，為日本海沿岸的重要漁業城市。近年以漫畫家水木茂的故鄉為人所知。

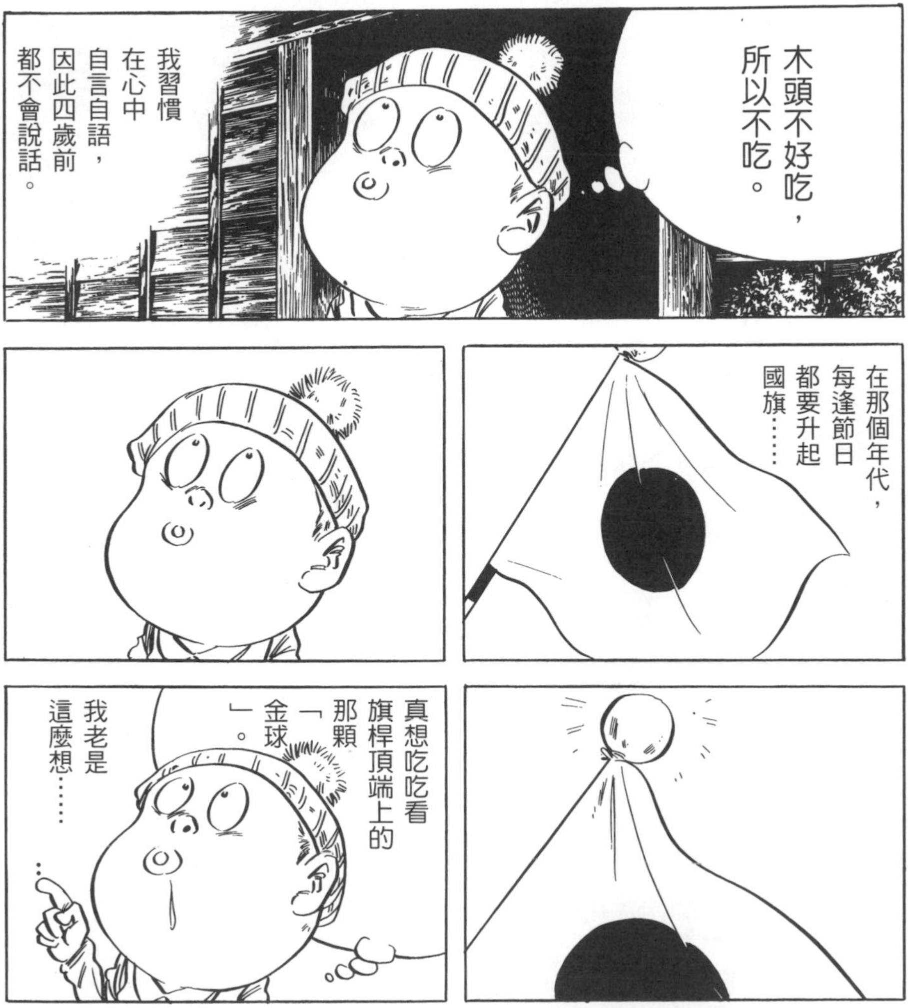
木頭不好吃，所以不吃。
我習慣在心中自言自語，因此四歲前都不會說話。
在那個年代，每逢節日都要升起國旗……
真想吃吃看旗桿頂端上的那顆「金球」。
我老是這麼想……
某日，當我在庭院玩耍時，
赫然發現旗桿頂端的「金球」掉落在地。

ガブッ
「金球」
裡面裝的
是木頭。
不過因為
朝思暮想已久，
我還是把上頭
塗的「金漆」
全都吃光光了。
ガリガリ
モリモリ

*大口咬

*嘎吱嘎吱、唏哩呼嚕

* 頭昏腦脹

等我全吃完，
已經難受到
在地上打滾
……
* 叩咚
啊，
不好了！
在我倒地之時，
正好被幫傭的
※「儂儂婆」
所救——
* 嗚—

※「儂儂婆」……本名景山房。這個稱呼來自於鳥取縣境港一帶的方言，當地人會稱侍奉神佛者為「儂儂」（のんのんさん）。為水木茂認識妖怪的啟蒙人物，亦譯為「鬼婆婆」。

「大正」這個時代
只有短短的
十五年——
而正如
「大正民主」一詞
所象徵的——

日本早在明治時代便打好地基，
恰巧讓大正成了一個
飄散著文化氣息的慵懶時代。
ブゥ

*噗嗚——

當然了，
這僅適用於
中產階級以上
和都會居民……

而我父親
說不定就是
少數享受過
大正時代
的一分子。

*叮鈴登愣

他是老家第一個
上大學（早稻田
大學）的人，
到了東京
也盡情觀賞
他喜愛的戲劇，
玩得很開心。
はははは

*哈哈哈哈

大正二年，
※島村抱月、
松井須磨子
創立了藝術座。

翌年三年，
寶塚少女
歌劇問世。
大正六年，
※澤田正二郎
創立了新國劇。

※「島村抱月」（一八七一～一九一八）……日本文藝評論家、戲劇導演。與女演員松井須磨子共同創立「藝術座」劇團，並成功上演西洋近代劇。為日本新劇運動先驅。

大正末期，所謂的新劇開始在築地小劇場上演。
此外，電影也蔚為風潮。

別驚訝，我老爸竟然把這些玩意兒全都看過了……
連台詞都倒背如流。

※「澤田正二郎」（一八九二～一九二九）……男演員。曾參與藝術座演出，後為了打造出全新的大眾演劇，創立「新國劇」劇團。

他對歌舞伎更是情有獨鍾……
哇！
家裡放了一堆電影和戲劇相關的書籍……
我雖然還不識字，仍每天都讀著這些書長大……
《電影旬報》

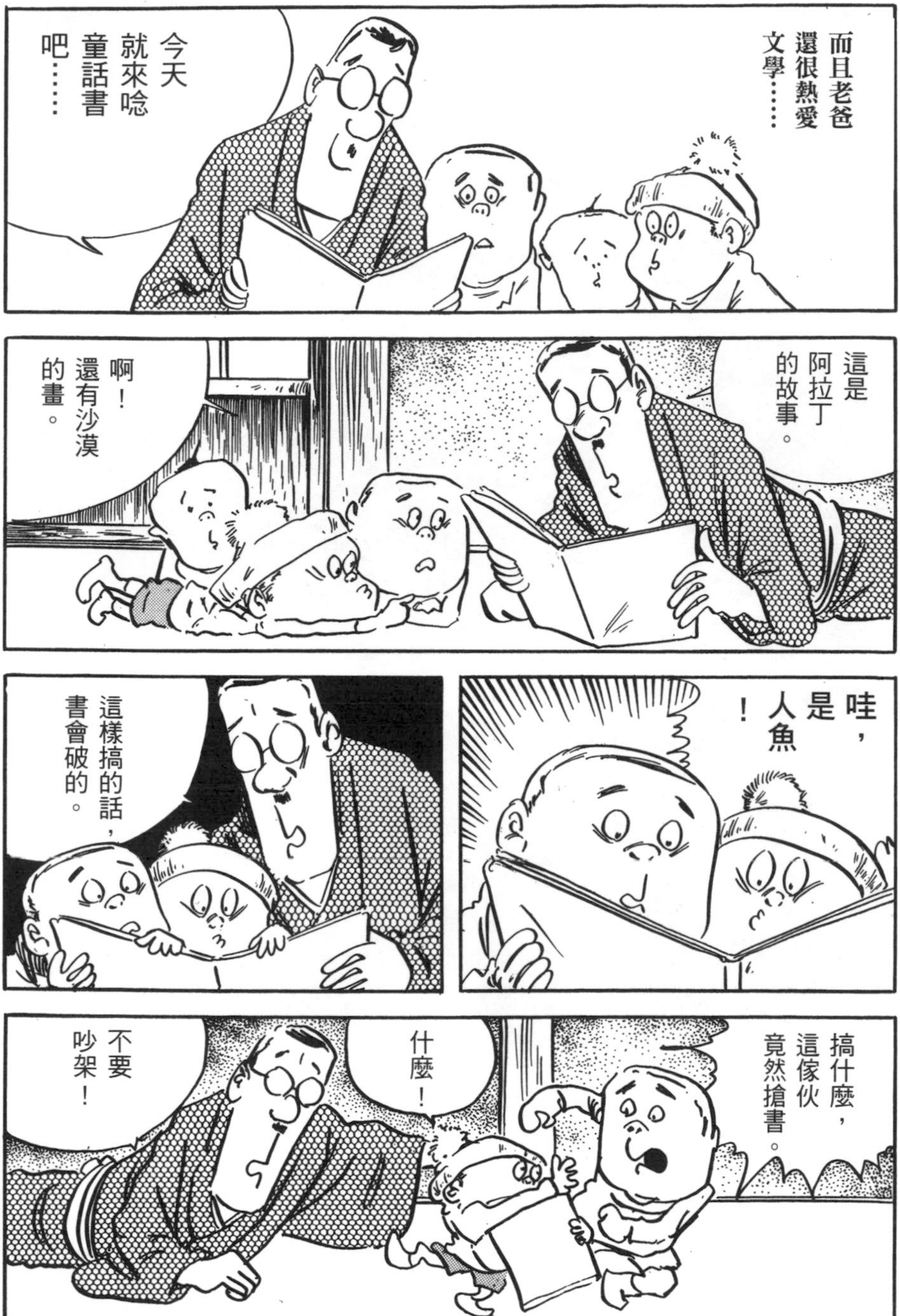
而且老爸還很熱愛文學……
今天就來唸童話書吧……
這是阿拉丁的故事。
啊！還有沙漠的書。
哇，是人魚！
這樣搞的話，書會破的。
搞什麼，這傢伙竟然搶書。
什麼！
不要吵架！

到了
大正十五年
十二月
二十五日，

體弱多病
的大正天皇
駕崩了。

萬歲
萬歲
這一天，
公佈了
新年號「昭和」，
由代大正天皇
攝政的
裕仁親王繼位。

昭和元年
才不過一週
就劃下句點，
隨即迎來
新的一年
昭和二年
的開始。

*啪、啪

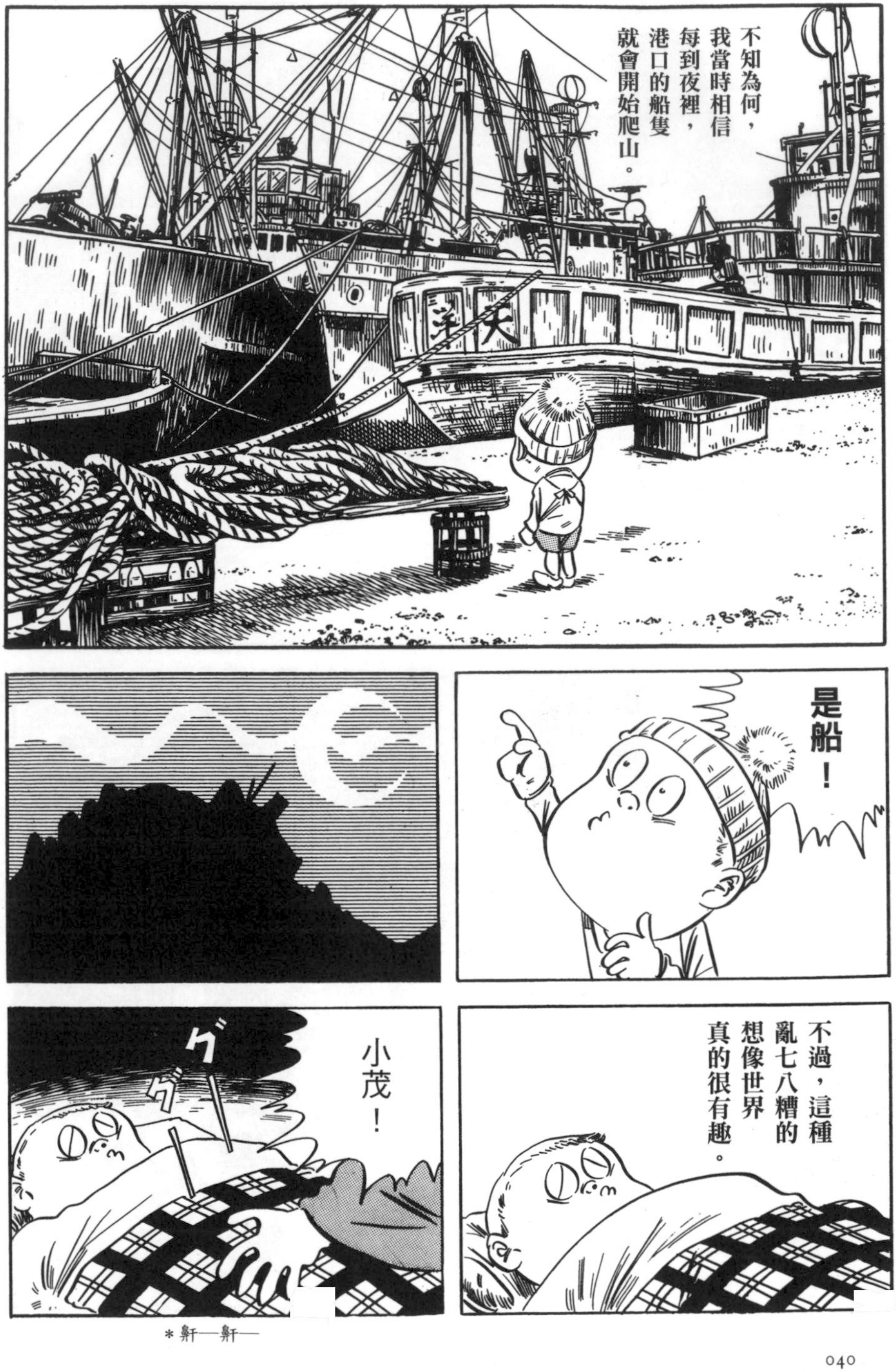
不知為何，
我當時相信
每到夜裡，
港口的船隻
就會開始爬山。
是船！
不過，這種
亂七八糟的
想像世界
真的很有趣。
小茂！

*齁──齁──

讓你看個好東西。
……
看吧，你瞧。
海邊的白沙上插了鮮花！
大概是佛祖誕辰之類的日子吧。
儂儂婆還特地從海邊搬沙回來，親手打造而成。

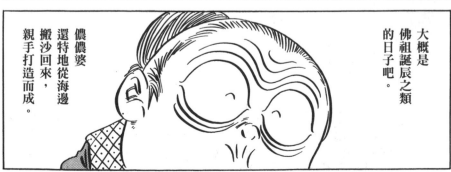

一如往常的，我雖然沒有說出口來，但在陽光下輝映的鮮花與白沙，
實在太美了，我對此深感不可思議，嚇了一大跳。
接著則是來來去去的行人。
這些人究竟要去哪裡呢？
會不會是要去哪個不可思議的地方呢……

啊，是小茂。
當心又要迷路囉。
啊，又跟在別人後頭了……
婆婆，妳幫忙看著，那孩子不知又要跑哪去了。
小茂。
等一下。
不要。

我當時是個老跟在大人後頭走的小鬼。
即便天涯海角，我也會跟到底。

要是常常迷路的話，就不缺好心人來幫忙。
我是榮町的小孩。

第2章 初次聽到收音機

昭和二年（一九二七）七月，
※芥川龍之介自殺，
享年三十六歲。
其自殺原因是
「對未來所隱約抱持的不安」
昭和
事實上
是始於
「恐慌」。
芥川應該
也對時代
的變動
很敏感吧。
軍國主義
的腳步聲
也開始響起。

※「芥川龍之介」（一八九二～一九二七）……大正時期的代表性作家。作品多為短篇小說，代表作有〈羅生門〉、〈地獄變〉等。

＊哇—哇—哇—

勞工運動、社會運動的興起，而隨之而來的鎮壓，也正式展開。
解放運
大日本紡績
籠の鳥を救へ
大日本紡の暴虐を
反觀都會，洋溢著頹廢氣息的文化似乎發展過了頭。

※圖為當時紡織女工為抗議「大日本紡績」壓榨勞工而展開的罷工運動。

這裡是※JOAK，
東京放送局。
大正十四年（一九二五），東京放送局（JOAK）的電台廣播開始放送。
從東京芝町的愛宕山往全國傳送電波。
這裡是JOAK
哇——有聲音了！
一台要花上五十元（約為現在的二十萬日圓），沒聲音怎麼行。
大家好。

※「JOAK」……東京放送局的無線電呼叫代號。當時在廣播開始和結束時，播報員都會唸出呼號，以此識別。

全國一共有多少台收音機呢？
欸，根據報紙上所寫的，
東京十三萬台；大阪五萬台；名古屋一萬台。
總數為全國民的百分之一。
原來如此。
收音機可是很貴的呢。
不過，東京放送局在翌年大正十五年（一九二六）成為※日本放送協會，
收音機在國民之間逐漸普及，也讓國民的生活出現重大的轉變。

※「日本放送協會」（ＮＨＫ）……大正十五年（一九二六）八月，由東京、大阪、名古屋放送局組成。主要業務包括電台廣播及電視廣播。

新聞可以在轉瞬間傳送到全國各地，
沒錯，偶爾也可以聽到歌曲。
拜此之賜，運動也更加大眾化了。
沒錯，這讓所謂的資訊化社會、大眾社會邁開了第一步。
你不要老講這種艱深的話。
沒什麼，這都是從報紙上看來的。

最近還出現了計程車這種方便的玩意兒，
基本車資從一日圓起跳，所以也叫「円計程車」。

靠著汽車的量產化，才能發展至此。
這是公車

此外，昭和二年（一九二七），東京上野、淺草區間的地下鐵也首次通車……

與「円計程車」同樣蔚為話題的，則是「円本」。

大正十五年（一九二六）十二月，由改造社出版的《現代日本文學全集》將單行本三～四集的內容合為一冊。

再以單行本一冊的平均價格一日圓來出售。
真是太便宜了！
我們也來有樣學樣吧。
○×社
社長，
走了一次運，就會有第二次。
蠢蛋！
還有第三次！
不，會有第四次！
於是，各社都開始推出円本。
這也為文學的大眾化助了一臂之力。
我也來讀※漱石吧。

※「夏目漱石」（一八六七～一九一六）……作家。英文學者。代表作有《我是貓》、《少爺》、《心》等，被喻為日本國民大作家。

此時，
※野口英世
在西非逝世，
享年五十一歲。

昭和五年
（一九三〇），
無教會主義的
※內村鑑三
則因心臟病
於六十九歲過世。

※「野口英世」（一八七六～一九二八）……細菌學家。對細菌學有深入的研究，留下了對梅毒、黃熱病等傳染病的貢獻。

※「內村鑑三」（一八六一～一九三〇）……宗教家。無教會主義之創始人。以基督教教徒的身分倡導和平。著有《代表的日本人》等著作。

第3章 首次吃到蠑螺

阿婆，妳穿成這樣是要去哪裡？
我要帶小茂去位於浦（島根半島另一端）的諸喰。
啊，可是小茂才五歲而已。
小茂雖然嘴上不靈光，但一雙腿可是生得很健壯。
對吧！
嗯！
那傍晚前要回來唷……
好的。

第一次上山
實在
很好玩。

路旁
擺了一些
不可思議
的石碑，
有如夢幻
國度一般。

哇，是海！
諸喰到了。
那裡是親戚的家……
哇，好久不見了。
阿德，妳過得可好嗎？

＊咔啦

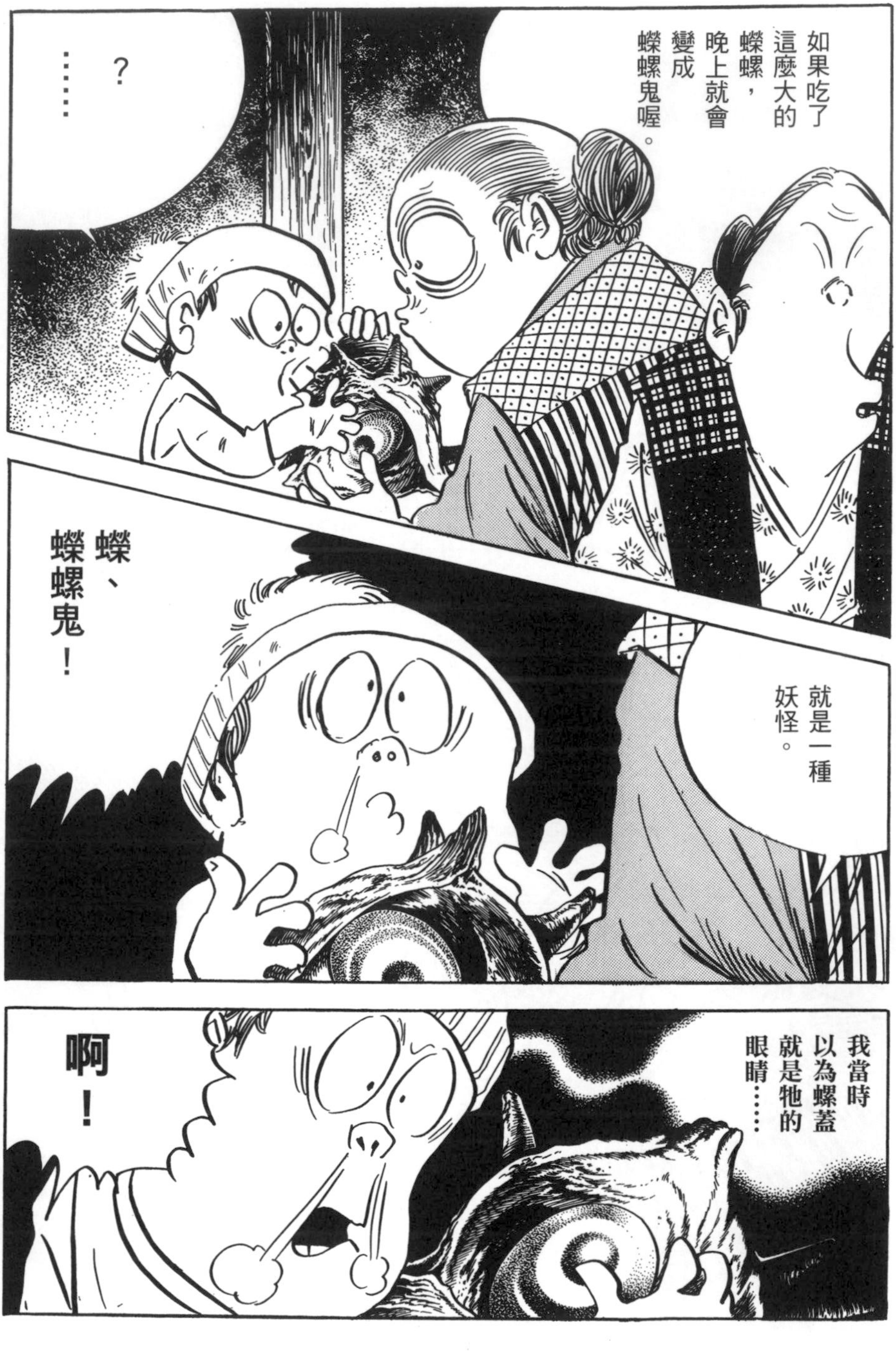
如果吃了這麼大的蠑螺，晚上就會變成蠑螺鬼喔。
……？
就是一種妖怪。
蠑、蠑螺鬼！
我當時以為螺蓋就是牠的眼睛……
啊！

雖然不是
從那時才開始的，
但我跟儂儂婆
變得非常地親密……
儂儂婆說要
在廚房過夜，
我們就
睡在一起。
瞧瞧
天花板
……
……
……
……

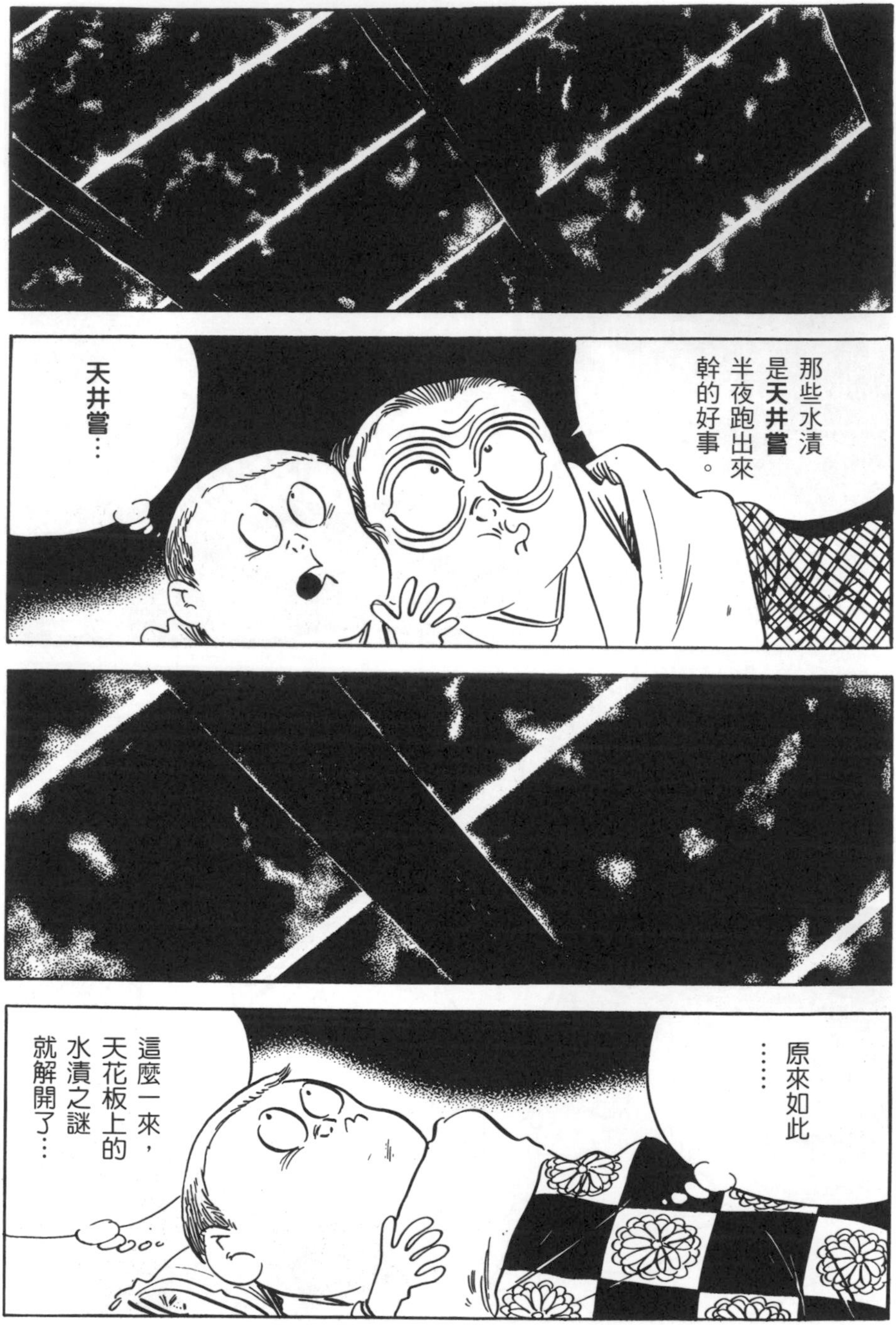
那些水漬是天井嘗半夜跑出來幹的好事。
天井嘗⋯
原來如此⋯⋯
這麼一來，天花板上的水漬之謎就解開了⋯

只要一下起太陽雨……
就是狐狸要嫁女兒了。
什麼狐狸嫁女兒，那都是騙人的。

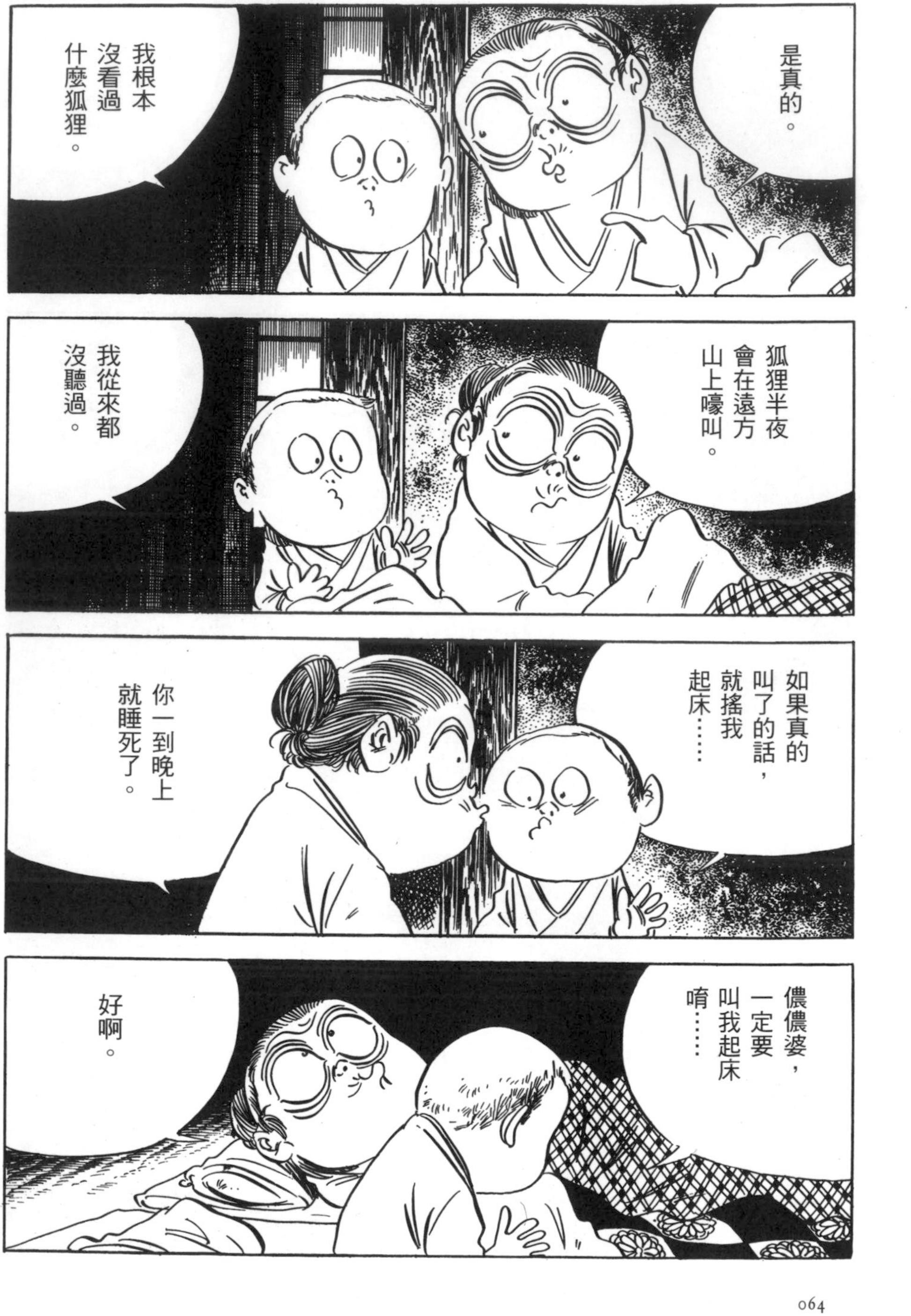
是真的。
我根本沒看過什麼狐狸。
狐狸半夜會在遠方山上嚎叫。
我從來都沒聽過。
如果真的叫了的話，就搖我起床……
你一到晚上就睡死了。
儂儂婆，一定要叫我起床唷……
好啊。

根本不可能會有什麼狐狸嫁女兒的列隊呢。
之所以會這麼想，是因為我當時很相信科學。
コン
コン
コッ
聽，是狐狸的聲音！
グー
グー
グー

*嗷嗚—嗷嗚—嗷嗚—

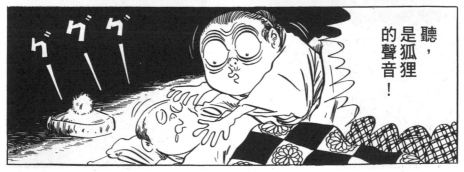

*鼾—鼾—

我至今仍對此感到不可思議，她居然會認真看待五、六歲小孩所說的話，還真的叫我起床。
聽，是狐狸的聲音！
聽吧！
遠方山上的確傳來狐狸的叫聲……

＊嗷嗚、嗷嗚、嗷—嗚

自此以後，我就開始相信儂儂婆所說的話了……
要來儂儂婆的家嗎？

おんころころ
せんだり
まとうき
そうわか
這個人是誰？
是小茂的祖先。
儂儂婆以前在這個老爺爺家當女侍。
嗯…

※藥師琉璃光佛印咒

第4章 父親的事件

說到父親
他在附近的銀行分行上班。
家裡擺滿了戲劇電影的相關書籍。
弟→
我將來要成為編劇。
米山銀行
境支店

今天輪到你值夜。
啊，是這樣嗎。
最近有銀行搶匪出沒，你小心一點。
銀行搶匪！
幾乎每天晚上，
都會有銀行遇劫。
值夜真是令人不安

＊噹！
父親的個性向來膽小如鼠…
呀！
＊呼——
原來是時鐘啊…
＊叮鈴、叮鈴——鈴
＊噫——
搞什麼，是電話呀。
＊戰戰兢兢
這裡是警察局。
＊顫抖

警察！
搶匪似乎
跑到你們
那邊去了。
搶匪！
請多加
警戒。
ドキドキドキ
ドキドキ
警戒！
ドキ
父親的膽子
就是這麼小……
ドキドキドキ
バターン

*怦怦、怦怦、怦怦
*砰—咚

＊顫抖
＊喀喀喀
因為已經清晨四點了，父親就當作已經盡到責任，打道回府了。而這份懦弱從此改變了全家的命運……
啊，你已經要回家啦？
啊，醬菜店老闆，你大清早幹活還真辛苦。
這個人還真悠哉呢……
＊咕咕咕咕——
＊喀啦喀啦

啊，分行長。
嗯。
值夜的人四點多就回家了。
什麼，四點就走了？
規定是到早上七點呢。
這麼做太不像話了！
開除！

＊啾、啾、啾

父親
就被銀行
炒魷魚了。
チュン
チュン
チュン
……
……！
チュン
老公，
接下來該
如何是好
……
慢慢來寫
劇本吧，
我是這麼
打算的。

＊啾

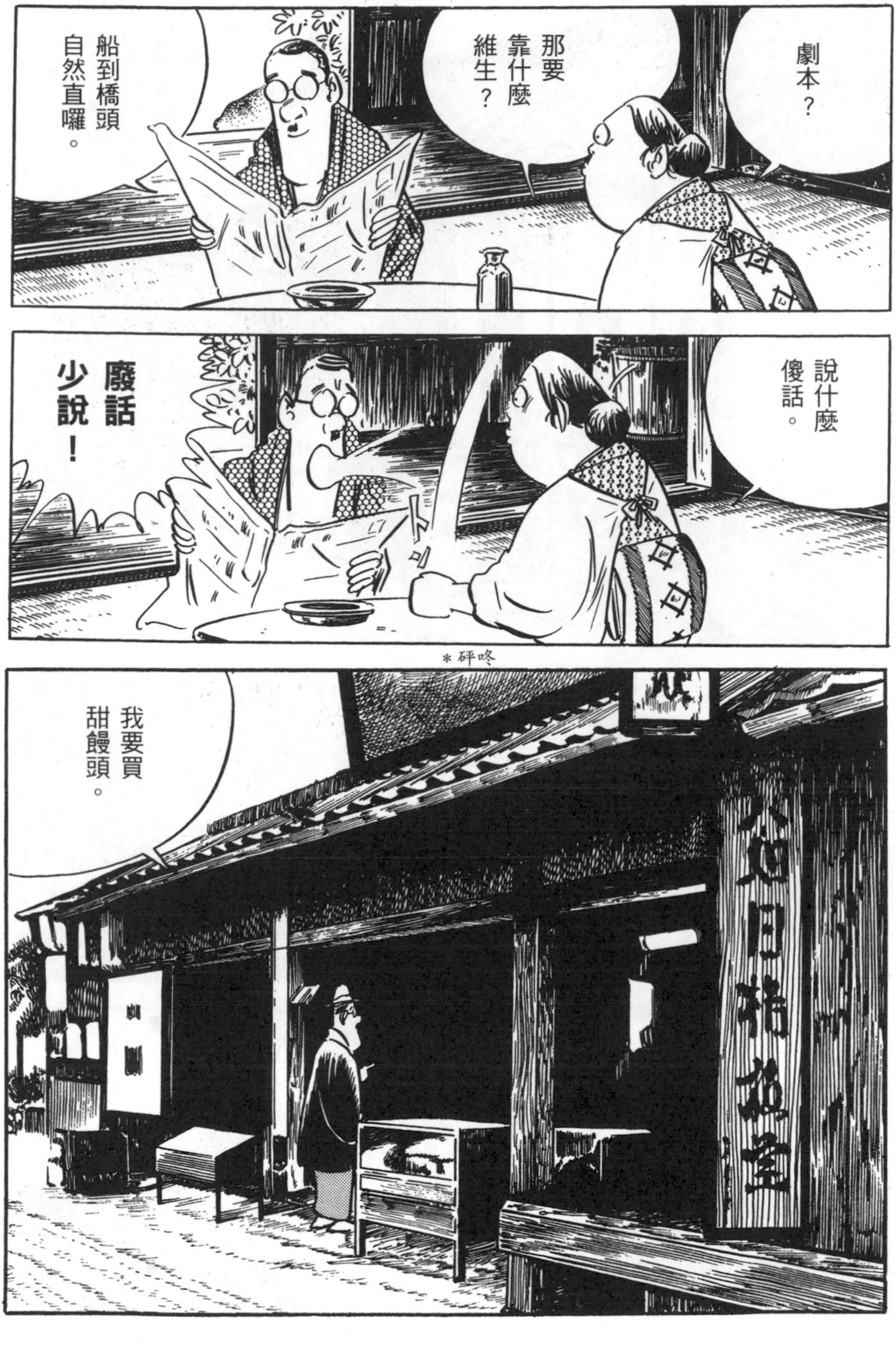
劇本？
那要靠什麼維生？
船到橋頭自然直囉。
說什麼傻話。
廢話少說！
＊砰咚
我要買甜饅頭。

父親信奉著「船到橋頭自然直」主義這種奇妙的思想。
某天，
大仙西瓜
爸爸，這裡有西瓜！
嗯，買回家吧。
很重唷。

*來米子／只為了買甜饅頭／輕輕巧巧走走走

＊呼—呼—

＊啪嗒

＊啪嚓

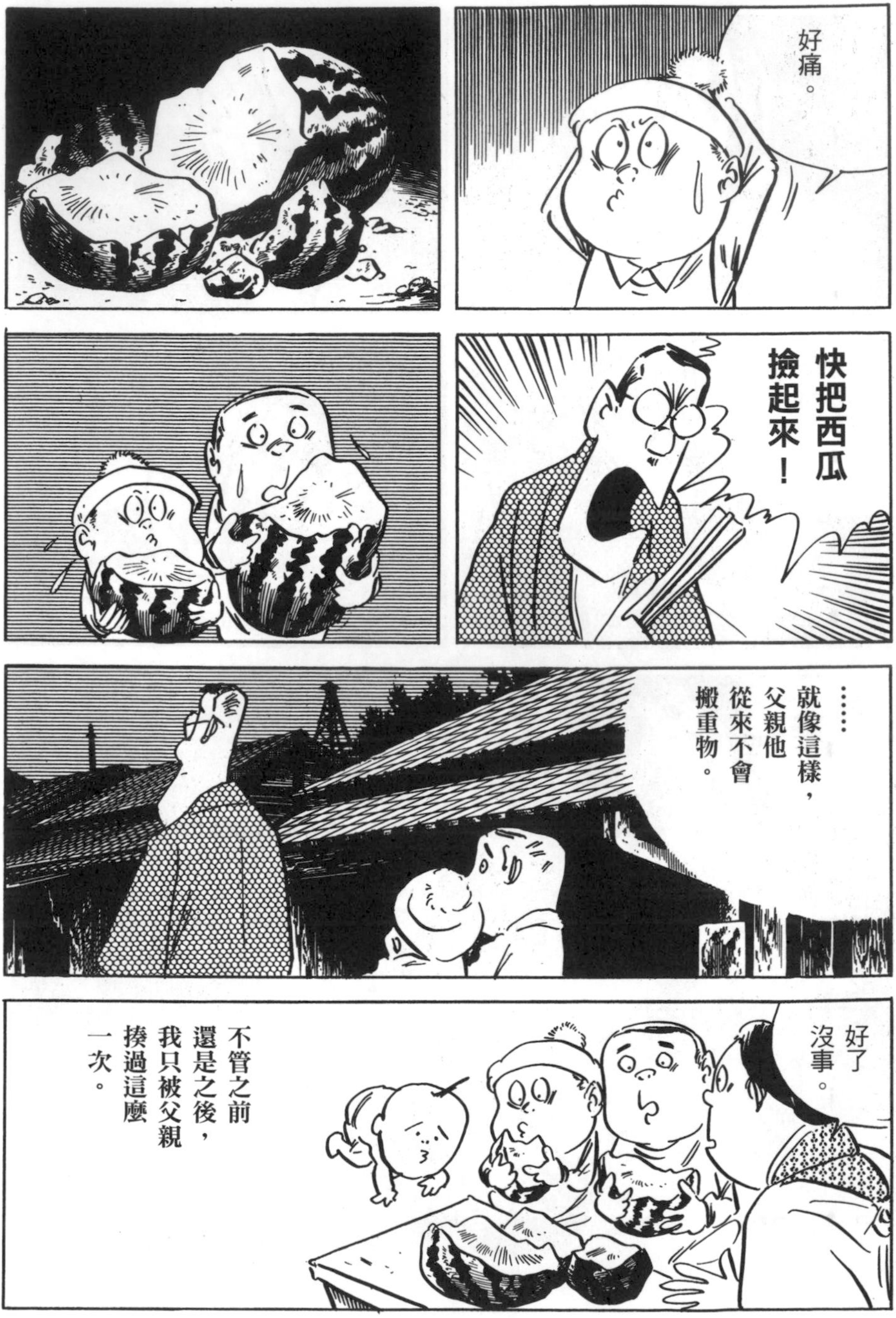
好痛。
快把西瓜撿起來！
……就像這樣，父親他從來不會搬重物。
好了沒事。
不管之前還是之後，我只被父親揍過這麼一次。

最近小說的構想也越來越明確了……
？
老公，現在不是搞什麼小說的時候吧？
我知道，我現在正打算開間電影院。
電影院？
沒錯。
已經有兩、三個人贊成了。
我希望鄉下人也能好好享受電影的樂趣。
父親租了間小劇場，開始經營起電影院……
電影俱樂部

在鎮上雖然
大受歡迎，
卻影響了
其他電影院
的生意。

第5章 治安維持法

故事在此稍微回溯一下，昭和二年（一九二七）四月二十日，※田中義一內閣就此成立。
田中首相不想想辦法可不行。
快撐不下去了。
進入昭和年代才不過三個月，日本就陷入大恐慌。
想混口飯吃都難。
真令人憂心。

※「田中義一」（一八六四～一九二九）……軍人、政治家。陸軍大將。於昭和二年至四年（一九二七～一九二九）年間就任內閣總理大臣，為張作霖爆炸事件負起責任，而辭職下台。

優柔寡斷的※若槻禮次郎內閣辦不到的，
田中內閣一定辦得到。
是這樣嗎？
他將採取所謂的「積極政治」。
「積極政治」是什麼意思？
先給我來一杯吧。
首先就是要好好解決金融恐慌。
所以是？
簡而言之，
就是透過財政膨脹來刺激景氣。
這麼說來就很像通膨政策嗎……
沒錯，通膨。
如此一來，不趕快囤貨就要吃大虧了。
說不定喔。

※「若槻禮次郎」（一八六六～一九四九）……政治家。於大正十五年（一九二六）、昭和六年（一九三一）兩度就任內閣總理大臣。第二次組閣因滿州事變的爆發而總辭。

這項政策產生了短暫的效果。
近來的生產情況也好轉了。
停滯的市場又重新熱鬧了起來。
如果能持續下去的話，敝公司就有救了。
哈哈哈。
就是說呀。
但這終究不是治本之道。
如此的矛盾反應在貿易匯率的下滑中。
這可不得了了。

田中內閣初期的昭和二年，
和末期的昭和四年相比之下，
原本一百日圓
兌換四十九美元的匯率，
竟一路跌到了四十四美元，
從中助長了貿易逆差。

此外，
「積極政策」
也轉化成對
社會主義運動
的鎮壓⋯⋯⋯
議長

在此稍微回溯到大正十四年頒布的兩項法律，這可說是昭和前半民主主義的表與裏。
這是什麼東西，字印得好大。
※普通選舉和治安維持法。
為何要同時頒布兩條法律？
如果在普選發生了意想不到的事，
就用治安維持法加以取締…的意思吧。
意想不到的事？
這個嘛。
假如無產政黨出線，把政治搞得一團亂的話，就大事不妙了。
搞得一團亂？
政府是在提防共產黨。

※「普通選舉」……簡稱「普選」。不分身份、性別、財產等條件，只要是成年公民，都能享有選舉權的制度。日本於大正十四年（一九二五）通過男子普通選舉法，女性投票權則等到昭和二十年（一九四五）才得以實現。

簡單來說
就是防制
「國體變革」，
要是日本
萬世一系的
天皇被……
我懂了……
那還有……
禁止「否定
私有財產」
的結社及
運動。
……
……
然而
一旦法官
採用
「治安
維持法」，
依照第一條
「以結社為目的
而採取行動者……」，
任何事都可以
擴大解釋成
「以結社為目的
之行為」。
換句話說，
只要桌上擺了
一本社會主義的書，
就會被視為犯罪。

※「治安維持法」……「針對以國體變革和否定私有財產為目的之結社活動、個人活動的相關罰則」之法律，於大正十四年（一九二五）頒布。是戰前為了鎮壓共產主義活動，剝奪言論、思想自由的惡法。於昭和二十年（一九四五）廢止。

*哇—哇—

這兩條法律由田中內閣在昭和三年（一九二八）首次正式實施。
ウー！
ウー！
昭和三年二月二十日舉辦了第一次普通選舉。
大976
呃——天……
住口！
我什麼都還沒說呢。
「天」是什麼意思？你這是在污辱國體！
？

日本珍貴的首度普通選舉就像這樣……
該說是太過反動了嗎……
真是的，政府對選舉也干涉得太過份了。
甚至還派警察對※無產政黨的候選人盯梢呢。
是喔？
那是因為無產政黨那群傢伙都在幹壞事呀。
開什麼玩笑。
明明什麼壞事都沒做呀。
如果沒做壞事的話，怎麼會惹上警察呢？
爭論就到此為止吧……

※「無產政黨」……即社會民主主義政黨。當時有「社會民眾黨」、「日本勞動黨」、「勞動農民黨」等合法政黨。「日本共產黨」則為非法組織。

※「山本宣治」（一八八九～一九二九）……生物學者、社會運動家。昭和三年（一九二八）以勞動農民黨身分當選眾議院議員。昭和四年（一九二九）遭右翼人士刺殺。

不過，儘管遭受了那麼誇張的選舉干涉，
※山本宣治等八名無產政黨黨員還是當上了議員。
相對的是，三月十五日首次大規模地施行了治安維持法……
全國共有一千六百名社會主義者遭到逮捕。
還好你不是社會主義者。

聽說調查對象都會慘遭特高警察嚴刑拷打。
嚇死人了。
這正是所謂的※「三・一五事件」。
自此之後，在田中內閣的推動之下，將治安維持法的最高刑罰改成了死刑。
在終戰（一九四五年八月十五日）以前所實施的言論箝制，可說是早從此時就埋下了伏筆。

※「三・一五事件」……為鎮壓共產勢力，田中內閣於昭和三年（一九二八）三月十五日，一次逮捕日本各地約一千六百名日本共產黨員的事件。

但即使是在司法官內部，也不乏有人批判這條奇妙的法律。
好比三宅正太郎（大審院部長）便說：「這條法律一旦誤用的話…」
可能會大大危害這個社會，
甚至是妨礙社會的進步。
就像這樣，即使是微不足道的小事，
也可能會被關上個五年十年，
儘管關人的這一方沒什麼感覺，
但被關的人可就難過囉。

不光來自政府的鎮壓，
昭和四年三月五日，
山本宣治還遭右翼人士黑田保久二所刺殺。
這個黑田居然還是警察出身，
看來這也反映出了政府的盤算。
爸，當心說這種話會……
我知道，所以只好在家裡自言自語。
比起這件事，你還沒找到工作嗎？
還沒有。

田中義一
在外交方面
也十分
「積極」。
昭和二年
五月
二十八日，
兩千名士兵
被派到了
中國※青島。

※「青島」……位於中國山東省的海港城市。當蔣介石北伐至此地時，日本政府曾於三度出兵，干涉中國內政。

第6章 滿州某重大事件

這裡是青島市，
中國人也不禁嚇了一跳……

這究竟是怎麼一回事？
名義上是為了守護日本居民，以免遭受蔣介石等國民黨南京政府的北伐所害。

而在翌年
昭和三年接連
第二、三次
出兵之後，
強烈刺激了
中國的
反日情緒。
爸，
田中內閣
還真帶種呢。
沒錯，
這種「積極」
的外交政策
作為內政上
刺激景氣
的手段，
也會一併
帶動軍費
擴張。
說的是。
我決定去
軍事產業
上班了。
這樣啊。

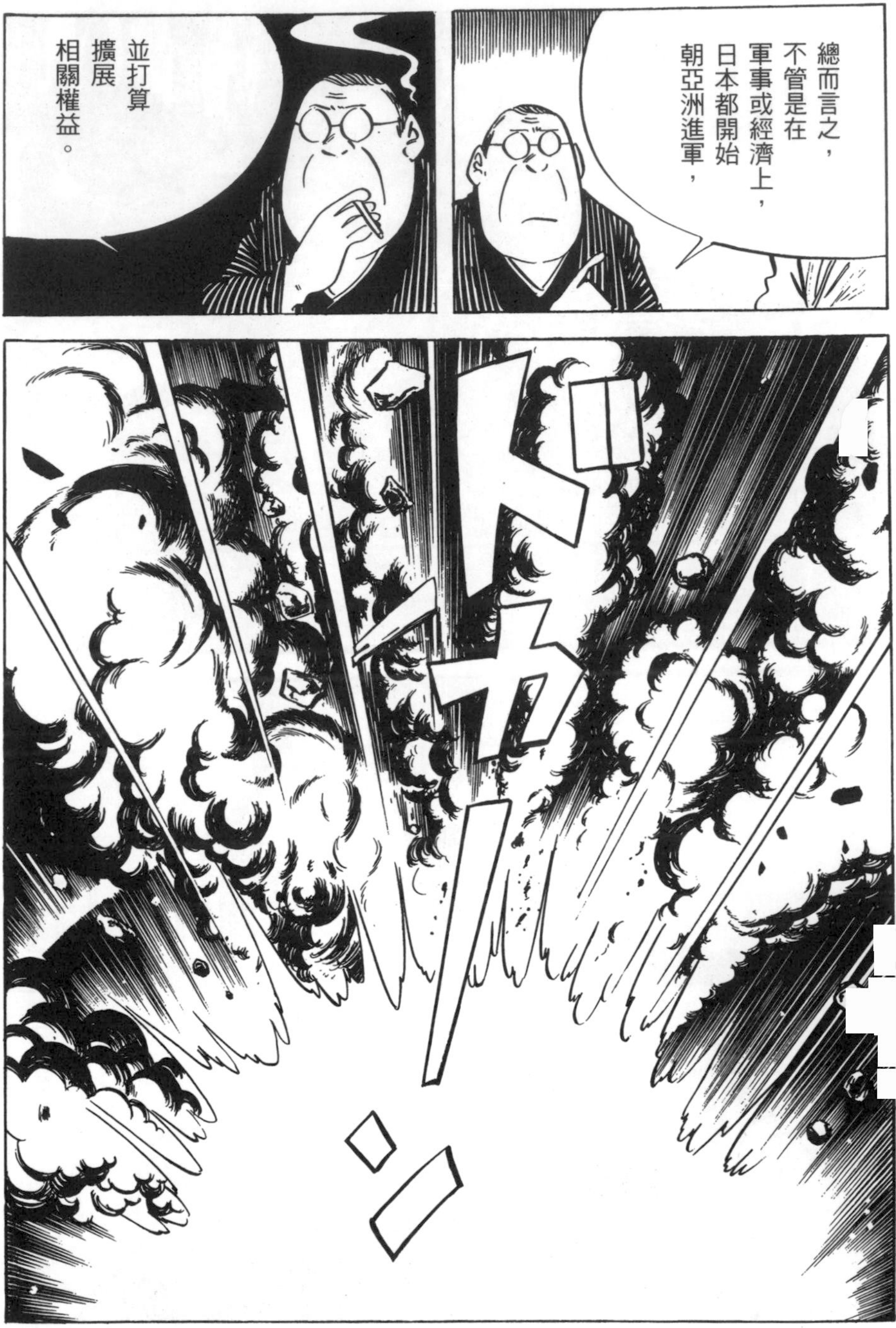
總而言之，不管是在軍事或經濟上，日本都開始朝亞洲進軍，
並打算擴展相關權益。
ドカーン

＊轟隆—隆

昭和三年（一九二八）
六月四日拂曉，
※滿鐵列車在中國的
奉天（瀋陽）遭到炸毀。
列車上的
滿洲統治者
張作霖
也受到重傷，
他說：「雙腿都被炸斷
（事實上都還在），
我已經不行了。
轉告我兒子張學良，
叫他要好好幹。」
說完後就嚥氣了……

※「滿鐵」……「南滿洲鐵道」之略稱。日俄戰爭後，日本於明治三十九年（一九〇七）開始在滿洲經營的鐵路公司。

拜這起事件之賜，中國對日本的不信任始終揮之不去……
陸軍雖然說是國民政府軍※便衣隊幹的好事……
但不用講也知道，這是關東軍的……
真是亂七八糟。
這個人是誰？
蠢蛋！
ビビビビビッ!

※「便衣隊」……扮成一般老百姓，突襲敵軍、攪亂後方的中國特殊部隊。

＊啪啪啪啪啪

當故事無法順利進行下去時，
就輪到本大爺來登場解說了。
我是臭鼠男，請多指教。
在事件爆發初期，相關細節都隱而不宣，
只稱之為「滿洲某重大事件」。
呃，相傳這起事件是為了打下進軍滿洲的基礎，而由※關東軍河本大佐所策劃的陰謀。
畢竟張氏父子當時可是十分堅持反日政策。
據聞檯面上雖然不見蘇聯的影子，
私底下卻讓張氏父子推動反日政策，並懷抱著有朝一日併吞滿洲的野心⋯

※「關東軍」……日本駐紮於滿洲的陸軍部隊。從戰前開始便擔任支配滿洲的核心角色，最後隨著戰敗崩解。

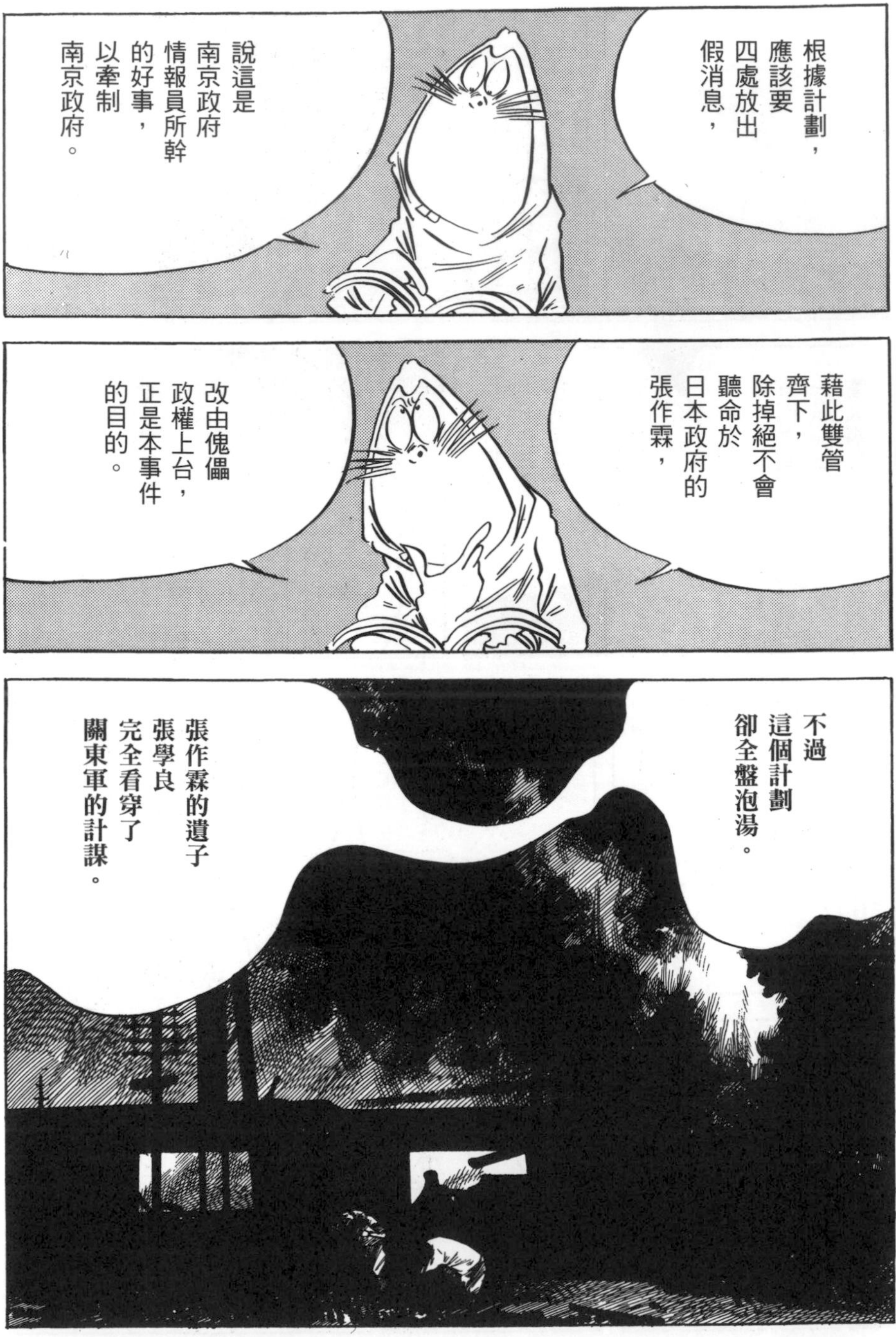
根據計劃，應該要四處放出假消息，
說這是南京政府情報員所幹的好事，以牽制南京政府。
藉此雙管齊下，除掉絕不會聽命於日本政府的張作霖，
改由傀儡政權上台，正是本事件的目的。
不過這個計劃卻全盤泡湯。
張作霖的遺子張學良完全看穿了關東軍的計謀。

他一邊對日本抱持慎重態度，一邊與南京政府保持聯繫，進而坐上南京政府東北國防總司令的寶座。

在這種情況之下，到了昭和三年底，國民黨不僅與日本的意圖背道而馳，掌握了中國全境的權力，甚至堅定地走上了反日路線。

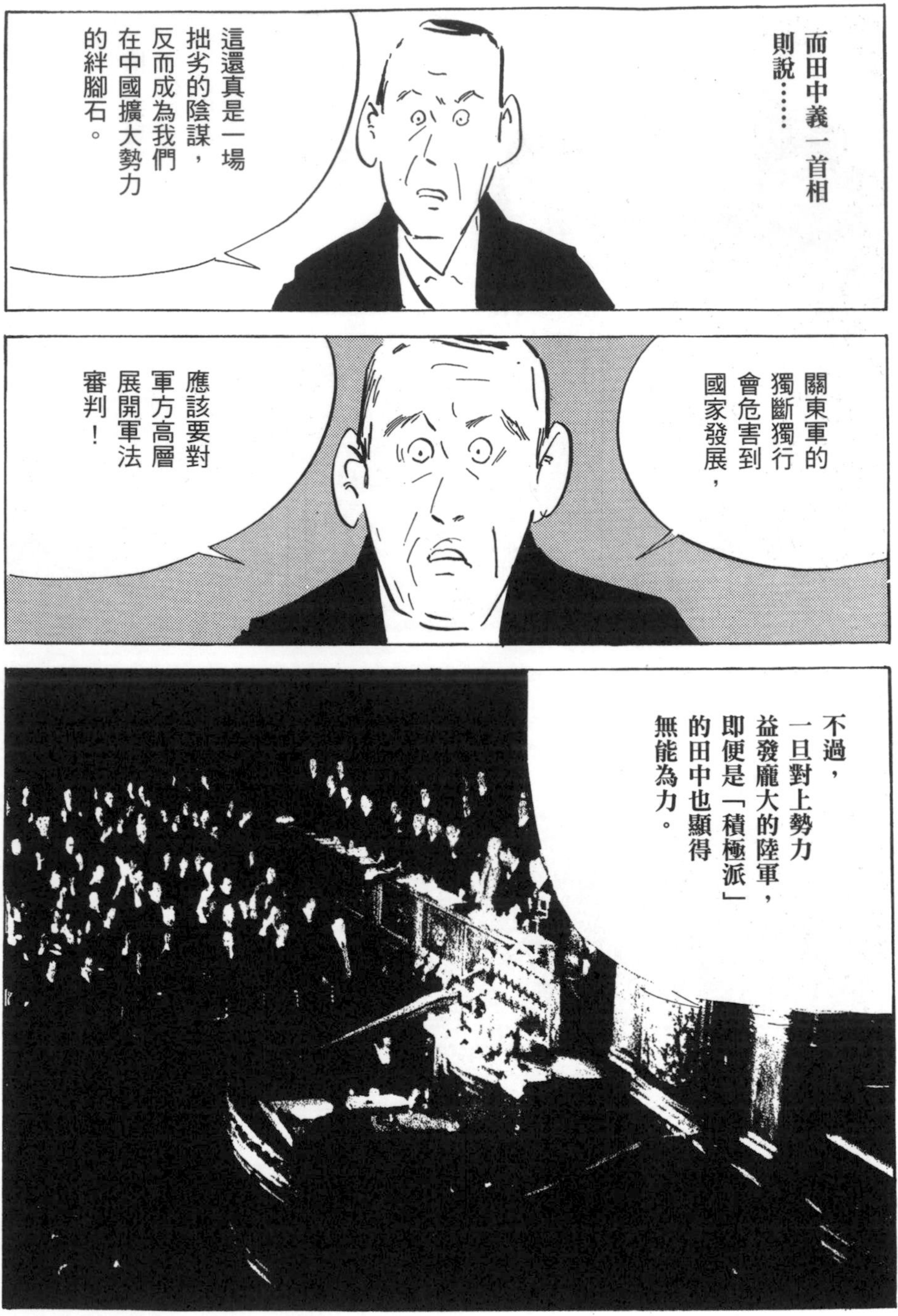
而田中義一首相則說……
這還真是一場拙劣的陰謀，反而成為我們在中國擴大勢力的絆腳石。
關東軍的獨斷獨行會危害到國家發展，
應該要對軍方高層展開軍法審判！
不過，一旦對上勢力益發龐大的陸軍，即便是「積極派」的田中也顯得無能為力。

第7章 每天都是運動會

而此時
的我
則是…

受這一帶
的孩子王
所肯定，
被接納為
正式的同伴。

我們這些學齡前兒童被稱為「木屐」，換句話說，就是連當「小孩」的資格都沒有。

我一直夢想自己能早日升上「小孩」，而被孩子王收為手下……

※「GeGe」（ゲゲ）……因水木茂小時候無法正確唸出自己的名字「茂」（Shi-ge-ru），而有了「GeGe」這個綽號。後來延伸用到《鬼太郎》（ゲゲゲの鬼太郎）的作品名上。

又過了兩、三天之後……
材木置場
前輩 熊
Ge Ge，你從那裡跳下來看看。
門客 小偷阿政
好！
ピョン!
＊蹦跳
＊叩
哎唷！
哈哈哈哈

不過孩子王「正仔」從來不會開這麼惡劣的玩笑。
每天專心地開運動會。
正仔，只要摘到一株浮萍就好了，對吧？
嗯，勝利者還會得到**獎品**。
第一名是這個舊鉛筆盒；
第二名是這顆橡皮擦；
第三名則是這根削短了的鉛筆。
哇——居然還有獎品。

＊呼— 呼— 呼— 呼—
はは
ふーふー
終於要被
孩子王
「正仔」
給認同
我可以從
「木屐」
升上
「小孩」了。
本來應該
是這樣的
………

※「有聲電影」……指聲音與影像同步播映的電影。在無聲電影的時代，會由辯士配合畫面，時而朗讀台詞、時而從旁說明。

※岡田嘉子也不錯呢。
你是誰呀？
只是路人而已。
不要隨便插話進來。
作為娛樂之王，電影開始廣受國民歡迎，而熱愛電影的父親也感到大喜過望。
下次要放阪妻的《尊王》。
※鈴木傳明也很受歡迎唷。
那麼，
就兩片一起放吧。
這麼做肯定會大開紅盤。

※「大眼阿松（尾上松之助）」、「阪妻（阪東妻三郎）」、「栗島澄子」、「岡田嘉子」、「鈴木傳明」……均為昭和初期的電影巨星。

哈哈哈哈
就在父親開懷大笑的同時，
電影院裡最重要的放映機卻不知被誰給偷走了。
映写室
不妙了，肯定是遭小偷了。
我去通知擔任辯士的山口先生吧。
膠捲呢？
膠捲雖然還在，
但沒有機器就無法放映了。
真傷腦筋。

第8章 老爸跑去大阪

這下子真的是大事不妙了……
即便是雞毛蒜皮的小事……
也會讓命運產生巨大的轉變。
怎麼了？瞧你垂頭喪氣的。
出事了，
放映機被偷走，電影院要完蛋了。

這麼一來，
我也沒辦法
在這裡繼續
混飯吃了。
而且還
債臺
高築
……
接下來
該怎麼辦？
我要去
大阪
找工作。
大阪！
大阪還有
我爸在。
不過我們
也跟公公
借太多錢
了吧？

不久之後，老爸便啟程前往大阪。
不用擔心，總會有辦法的。
＊淅瀝、淅瀝
要平安回來唷。
……
＊淅瀝、淅瀝
老爸在雨中搭著人力車前往車站。
＊轆轆
只留下母親跟三個兒子在家。
之後的日子可不好過了…

*噹、噹
*噹、噹
小心火燭
*淅瀝、淅瀝、淅瀝
父親離開之後，家中似乎也安靜了起來，整整兩、三天都沒人開口講話……

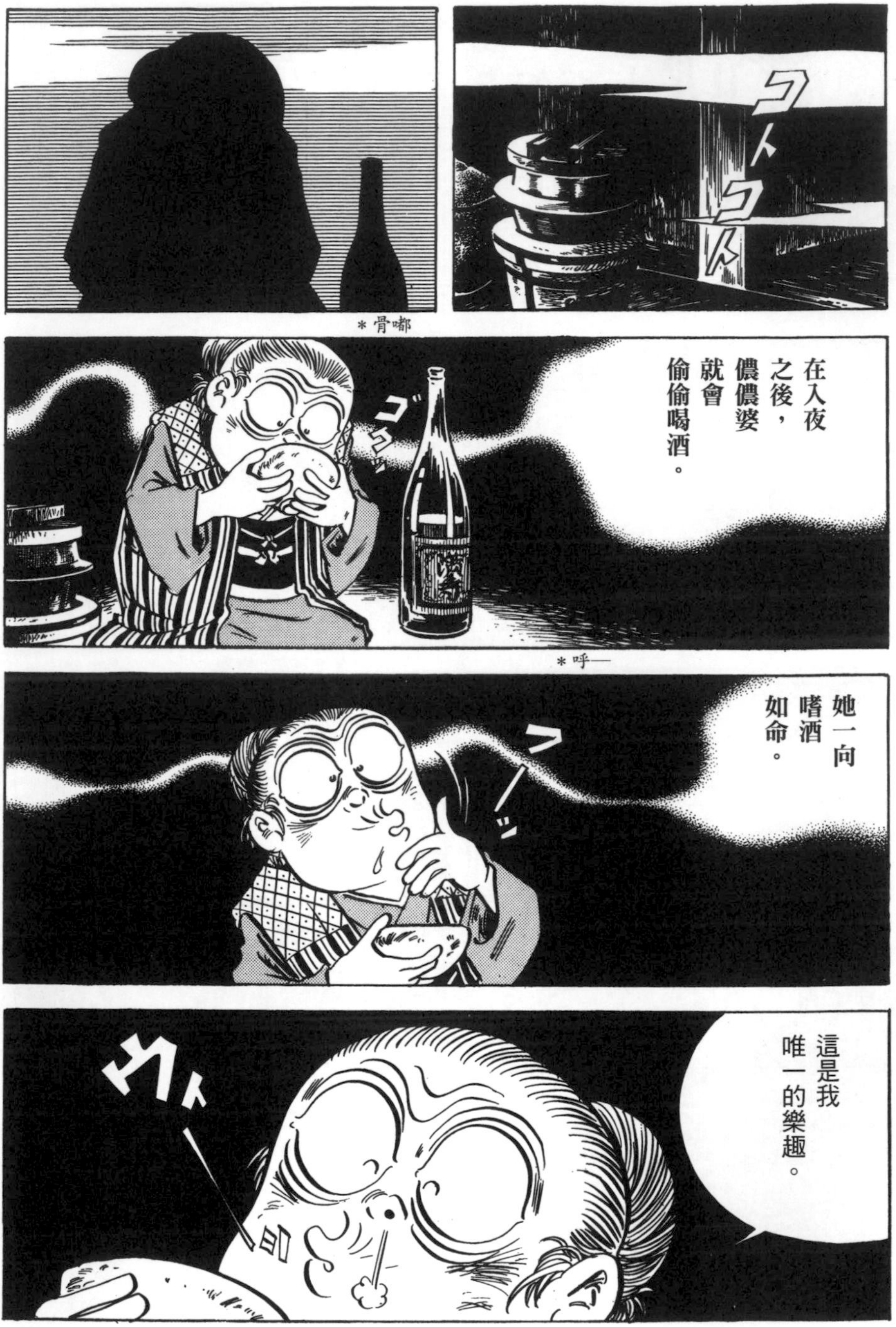
在入夜之後，儂儂婆就會偷偷喝酒。
她一向嗜酒如命。
フーッ
這是我唯一的樂趣。
ヒッ

＊咕嚕咕嚕
＊骨嘟
＊呼—
＊嘿—

無論如何，
命運都開始

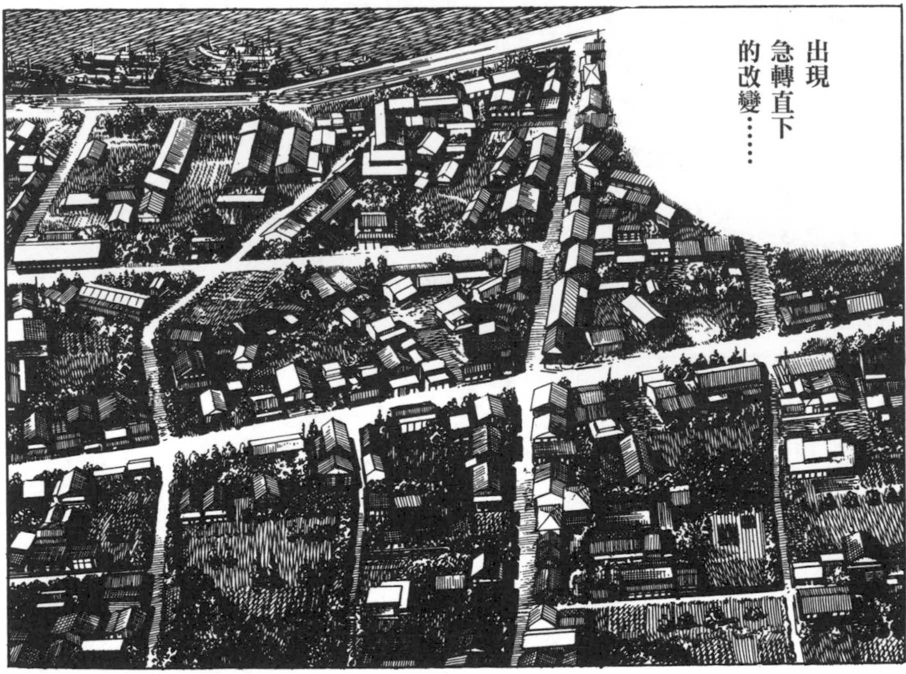
出現
急轉直下
的改變……

就在此時，※聯合艦隊突然入港。
まもるもせめるもくろがねの
鎮上到處都飄揚著「軍艦進行曲」的樂音。
*不管防守／還是進攻／都靠黑鐵的
氷
跟鄰居的阿婆一起開了間冰店，
大日本海軍
*哈哈哈
ははは
高價賣給聯合艦隊的官兵，因此大賺了一票，還遭到警察告誡……

※「聯合艦隊」……由兩支以上所聯合編成的艦隊。特指舊日本海軍的主力艦隊，聯合艦隊司令長官直屬於天皇。

拜此之賜，才能參觀聯合艦隊。
太厲害了，這就是陸奧號戰艦呀。
那就是航空母艦。
就連水平線都被這支巨大艦隊所遮蔽……
太厲害了，我長大以後要去當水兵。
你要當海軍大將。

到了明天四月一號，你終於要升上小學一年級了。
很好，我要成為最會打架的人……
未來變得像※後藤又兵衛、※乃木大將或※東鄉元帥那麼強。

※「後藤又兵衛」（一五六〇～一六一五）……原為黑田家的家臣，戰功彪炳。大阪之陣時以浪人身分參加豐臣軍。作為一名智勇雙全的英雄豪傑而為人所知。

已經早上了。
嗯。
快點穿衣服。
？
哇，好棒。
啊，連帽子都有。
我已經小學一年級了。
一年級的，當心遲到喔。
啊！我睡過頭了。

※「乃木大將」、「東鄉元帥」……乃木希典（一八四九～一九一二），陸軍大將；東鄉平八郎（一八四七～一九三四），元帥、海軍大將。兩人均是在日俄戰爭中戰功彪炳的陸海軍名將。

開始上課之後，校園裡總是一片靜悄悄的……
＊咿呀—
ガラッ
Ma・Mi・Mu・Me・Mo
マミム
老師，黑板上的「モ」（Mo）寫錯了。
遲到進教室的我，馬上就挑起老師的毛病。

※「加藤清正」（一五六二～一六一一）……日本戰國時代末期的武將。初代熊本城主。因「賤岳七本槍」、「打虎」等傳說而為人所知。

※「楠木正成」（一二九四～一三三六）……日本南北朝時代的武將。效忠後醍醐天皇，後世視其為忠臣與軍人的典範。

無意一瞥，
發現田裡
站著一個
眼神兇惡
的傢伙……
ジロリ
＊盯
當你發現
有兩隻狗
互相對視時，
牠們的爭鬥
往往
一觸即發，
就像那樣……
ガッ
＊掄—
還搞
不清楚
究竟是
怎麼
一回事，
我們就
開打了。
＊嗚哇
＊呃噫
對方是
住在十三軒長屋
一年級中班的
孩子王。
很適合
當我的
對手。
＊揍

沒想到對方居然這麼強，
突然就把我壓倒在田裡。
強悍的「小孩」可不能就此落敗。
＊啃
＊嗚哇—
靠著這樣突然一咬，我贏了。
如此一來一年中班就會記得，
西班有個很強的人了。

不過
在學校
……

卻因為
一直遲到
而遇到校長，
最後還被校長
痛罵了一頓。

第9章 昭和大恐慌

到了昭和四年（一九二九）八月十九日——
啊！
＊啪噠
你居然沒見過！
ペチン
那是名為※齊柏林伯爵號的德國飛船。
先在霞浦機場停留一晚，再橫越太平洋，
一路朝美國前進，進入了環繞世界一周的最終階段。

※「齊柏林伯爵號」……全長二三五公尺、為當時世界上最大的飛船，由德國軍人、發明家齊柏林伯爵所設計。在環繞世界一周的途中行經日本，引起轟動。

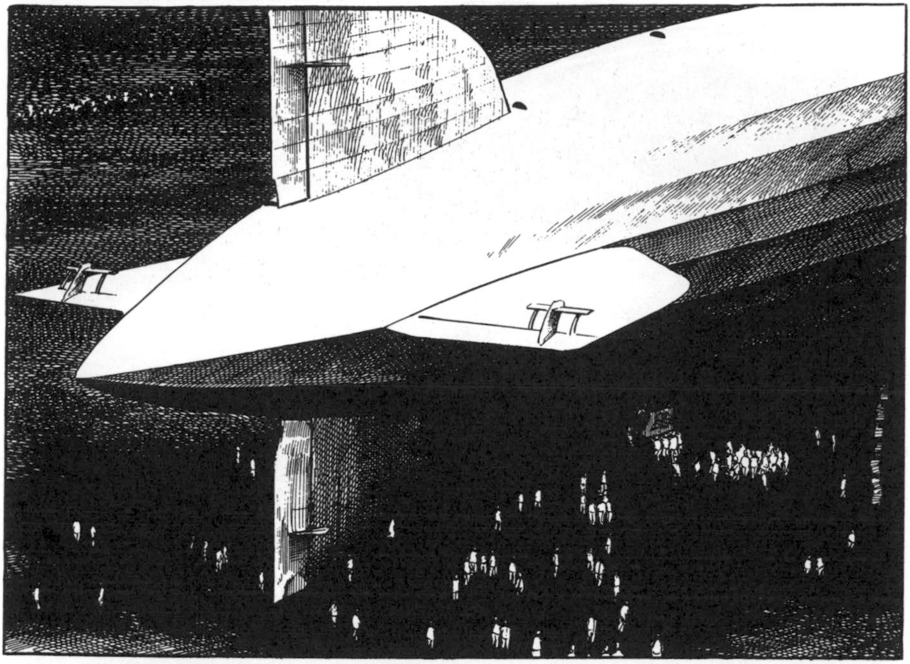

GRAF ZEPPELIN
還真是壯觀呀，哇哈哈。

船艙內
連鋼琴
都一應俱全，
真是不得了。

世間則吹起了
一股「情色·
荒誕·
無厘頭」
文化
的風潮。

姓丹下、名左膳，
※丹下左膳指的就是本大爺。
這一類的電影也大行其是。
不過社會上也彌漫著一股不景氣。
哎呀，在此之前得先提到奧運的事……
※第九屆奧運選在荷蘭阿姆斯特丹舉辦。

※「丹下左膳」……以林不忘小說為原著改編的電影，獨眼獨臂的劍士在劇中大展身手。系列電影在戰前大受好評，也讓飾演男主角的大河內傳次郎人氣高漲。

織田幹雄選手
在三段跳遠中
獲得優勝，
首次在奧運上
升起了
日之丸國旗。
此外，鶴田義行
也在兩百公尺
蛙式中
拔得頭籌。

就在
此時，
美國
發生了
重大
事件……

※「第九屆奧林匹克運動會」……昭和三年（一九二八）於荷蘭阿姆斯特丹所舉辦。

*哇—哇—哇—

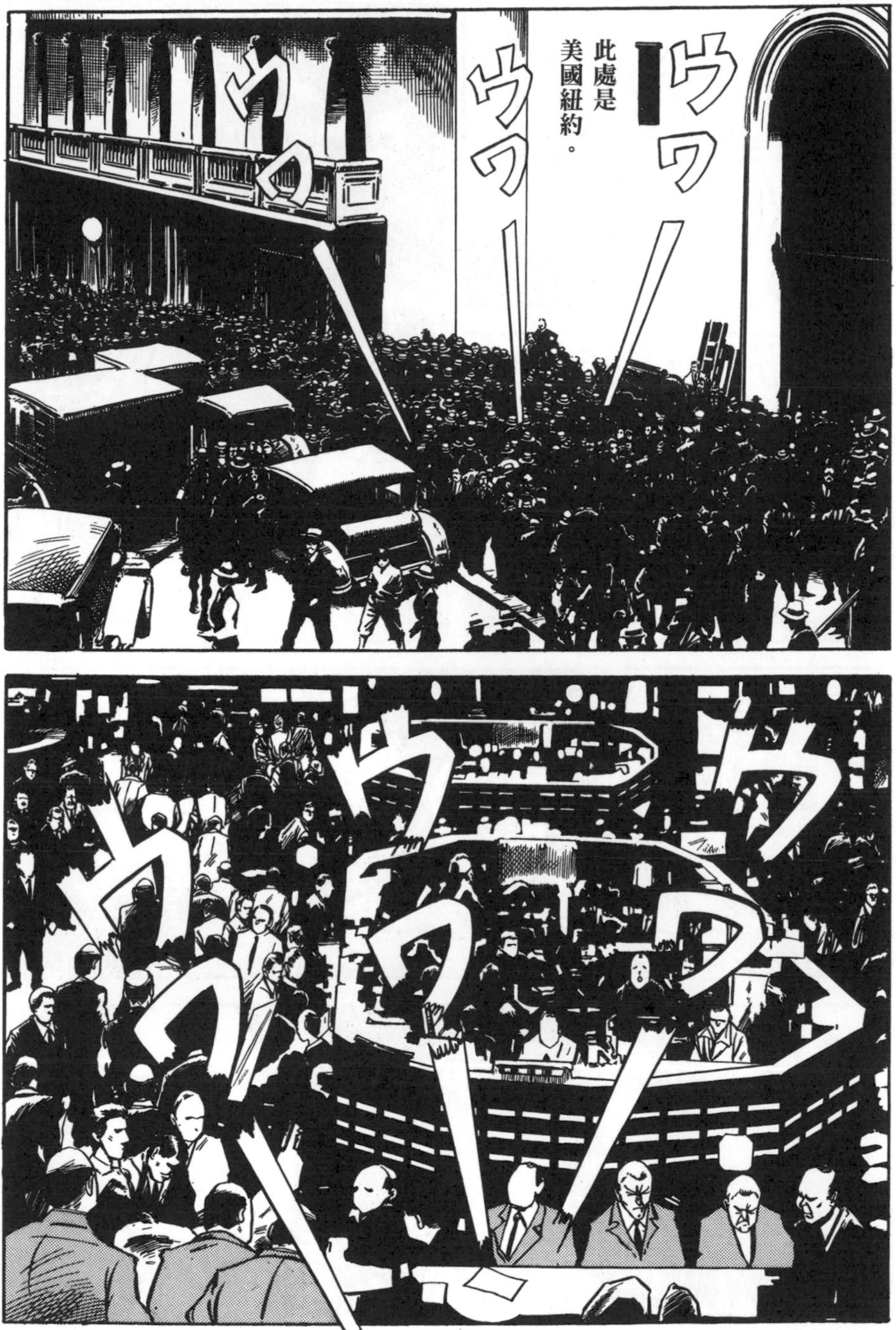

*哇—哇—哇—

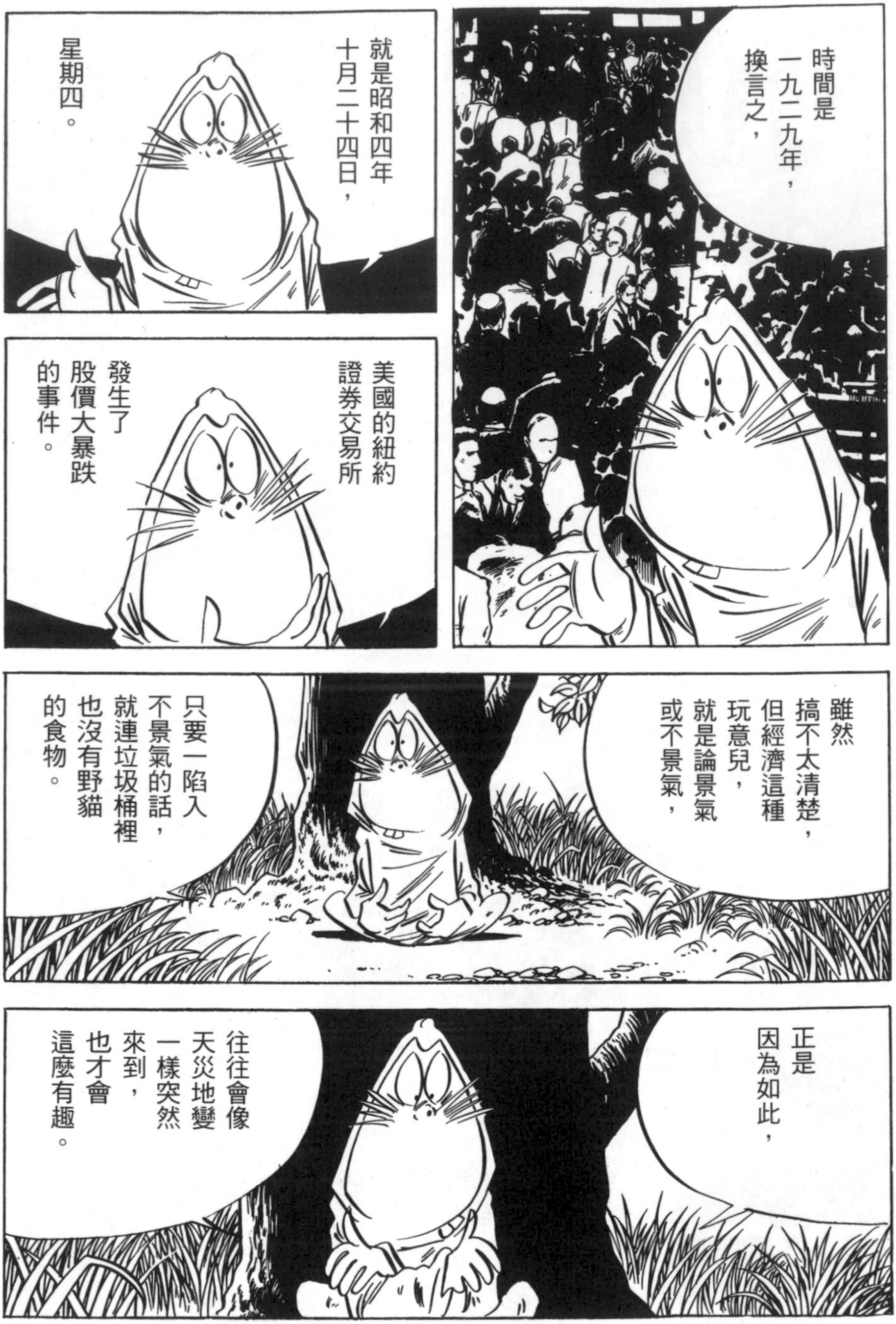
時間是一九二九年，換言之，
就是昭和四年十月二十四日，星期四。
美國的紐約證券交易所發生了股價大暴跌的事件。
雖然搞不太清楚，但經濟這種玩意兒，就是論景氣或不景氣，
只要一陷入不景氣的話，就連垃圾桶裡也沒有野貓的食物。
正是因為如此，
往往會像天災地變一樣突然來到，也才會這麼有趣。

不，不應該用有趣來加以稱呼。
即便是美國的代表性企業美國鋼鐵公司，不久之前的股價還是二六〇美元，
卻一路下滑至一九三美元。
同樣的，奇異公司的股價原本超過四〇〇美元，卻暴跌至二八三美元。
一天之內，全美便損失了數十億美元，
這就是所謂的「黑暗星期四」。

市場上原本以為隔了一個週末便能從谷底翻身，
卻在十月二十九日週二遇上了致命的大崩盤。
股價再怎麼跌都止不住，到了十一月時，十月初的道瓊指數已經跌到只剩一半。
十月二十九日也以「悲劇星期二」之名，深深烙印在後世記憶裡。

作為世界經濟的中心，美國所發生的恐慌自然也擴散至全球各地，發展成「世界恐慌」。

日本也在翌年昭和五年遭受波及，釀成「昭和大恐慌」。

昭和五年，世界恐慌的餘波也衝擊到日本。
不過早自一戰後的反動恐慌以來，日本經濟便始終處於慢性恐慌狀態；在歷經了關東大地震而益發惡化的當下，如今又遇上這次的世界大恐慌，日本經濟自然跟著每下愈況，金融資本也開始逐漸集中了起來。

也從中建立了在大資本之下的寡占支配體制……

第10章

我們家也大恐慌

武良辰司這號人物在此粉墨登場。
他是我的祖父，在大阪經營「關自動車」這間計程車公司。
可是……
看來還是難逃破產這條路……
而且我還對股票出手，從中大賺了一筆……
那方面的損害也…
ガラガラ

＊喀啦喀啦

我只能破產了。
除了繼室跟一堆子嗣之外，我還養了小妾。
這下子可不得了了。
就算回到鄉下，
現在也找不到工作了吧。
即便待在這裡……也沒救了。
對了，我在爪哇（印尼）的巴達維亞有舊識。

把債務整頓好，就去巴達維亞吧。
辰司爺爺是個當機立斷的人。
雅加達
我要在這裡開創一番新事業。

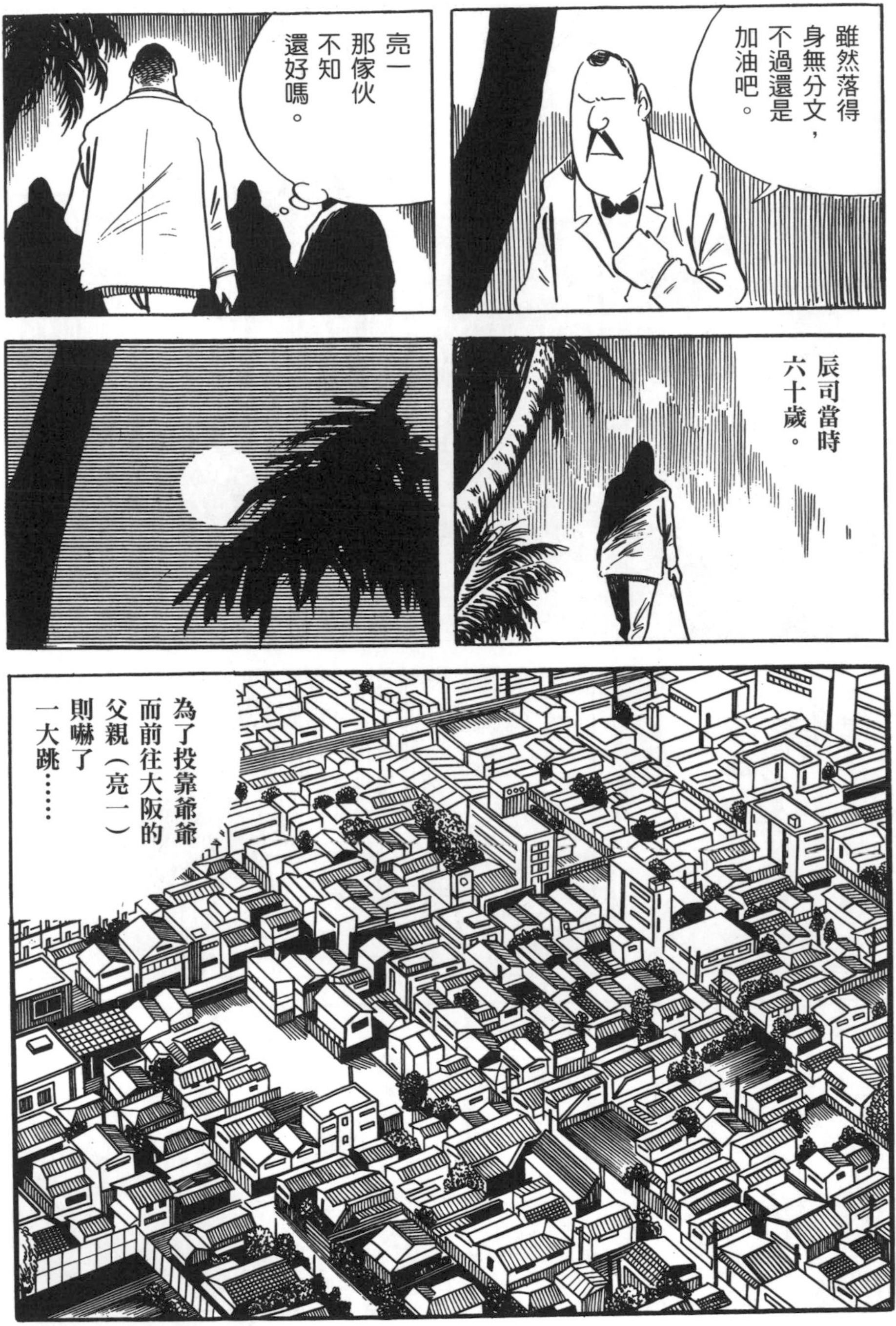
雖然落得身無分文，不過還是加油吧。
亮一那傢伙不知還好嗎。
辰司當時六十歲。
為了投靠爺爺而前往大阪的父親（亮一）則嚇了一大跳……

彥一，大事不妙了。
親戚彥一在大阪開了一間小吃店。
叔叔，怎麼了？
關自動車已經宣告破產，
我老爸也跑去爪哇了。
爪哇？
沒錯。
力そば うどん
都是「恐慌」害的。
「恐慌」……

本來以為昭和二年的「金融恐慌」
就快平息了…
看來這次的「世界恐慌」……會搞得大家都破產喔。
而且辰司爺爺，
就連股票都出手了呢……
嗯……
有一陣子還靠股票大賺了一筆呢…
當時我剛好在讀大學。
不過，
「世界恐慌」究竟是怎麼一回事呢？
這個嘛。
美國的事情雖然也是原因之一，
不能摒除在外，
但這波打擊也有部份是出自政府「金解禁」政策的失敗。

「金解禁」？
你根本什麼都不知道嘛。
叔叔，我不過是一介職工而已。
嗯。
金解禁指的是，為了平衡國際收支差額，而開放金塊或金幣的自由進出口。在第一次世界大戰中，為了維持戰時經濟體制，各國都下令禁止黃金出口。

不過大戰落幕後，
各國一一走上了
「金解禁」之路。
而在此同時，
日本卻接二連三地
發生了關東大地震、
金融恐慌等
天災人禍，
於是無法
輕易採取
「金解禁」
政策。
真不愧
是叔叔，
大學商學系
果然沒有
白讀。
少囉唆，
快端茶點
上來。
可是貿易
如果少了
黃金支撐
的話，
匯率終究
還是太不
穩定了。
遲早要走上
「金解禁」
一途。

原來如此。叔叔，其實比起金解禁，
？
我們家小吃店的經營還更辛苦呢。
什麼？
原本想來借錢的，沒想到連你也……
是呀。
客人都不上門了……
原來如此。
都是不景氣作祟啊。
對了，叔叔，你現在……
我嗎？我在保險公司當業務員。
薪水雖然不多，但也沒辦法了。
老爸在大阪上班，偶爾會回來家裡。
ガタンゴトン
ガタンゴトン

*喀隆、叩隆

昭和四年（一九二九）七月，田中義一內閣總辭，改由濱口內閣上任。
由金融界大老※井上準之助擔任藏相。
在此暫且打住，
如各位所知，對於田中內閣在金融恐慌後所搞出的通膨政策，政府不得不出面收拾殘局。

※「井上準之助」（一八六九～一九三二）……財政家、曾任日本銀行總裁。濱口雄幸內閣的大藏大臣。昭和七年（一九三二）遭血盟團暗殺身亡。

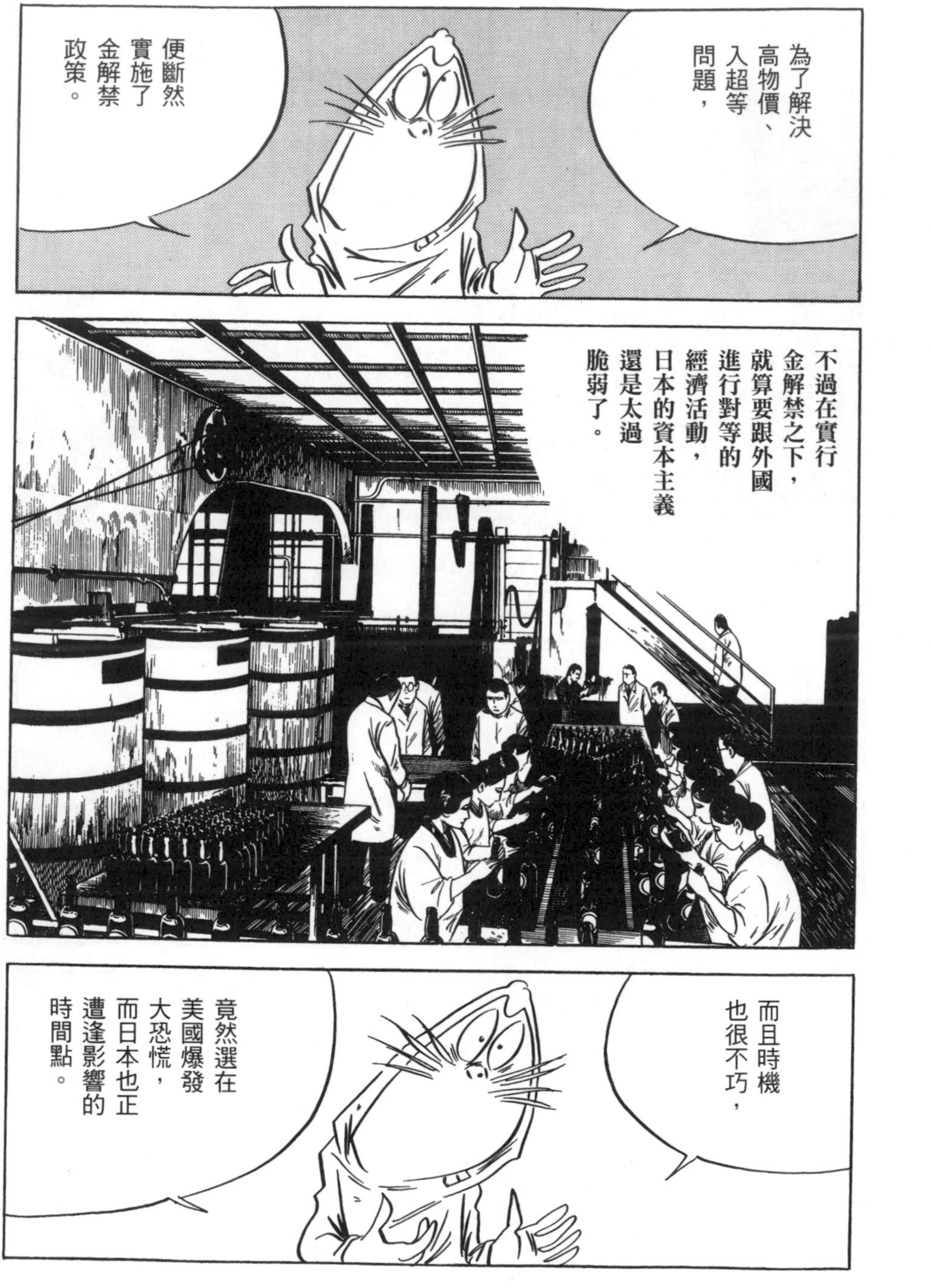
為了解決高物價、入超等問題，
便斷然實施了金解禁政策。
不過在實行金解禁之下，就算要跟外國進行對等的經濟活動，日本的資本主義還是太過脆弱了。
而且時機也很不巧，
竟然選在美國爆發大恐慌，而日本也正遭逢影響的時間點。

此外
對一般國民來說，
金解禁也只是
紙鈔跟金幣
能夠互換而已，
不過是一窩蜂
的熱潮。
二十圓
大日本 二十圓 昭和五年
昭和五年
（一九三〇）
一月十一日
金解禁日，
銀行前
大排長龍，
民眾為了
用紙鈔
換取金幣
而來。
但不管是
紙鈔或金幣，
十元
就是十元，
百元
就是百元，
根本一點
意義都沒有。

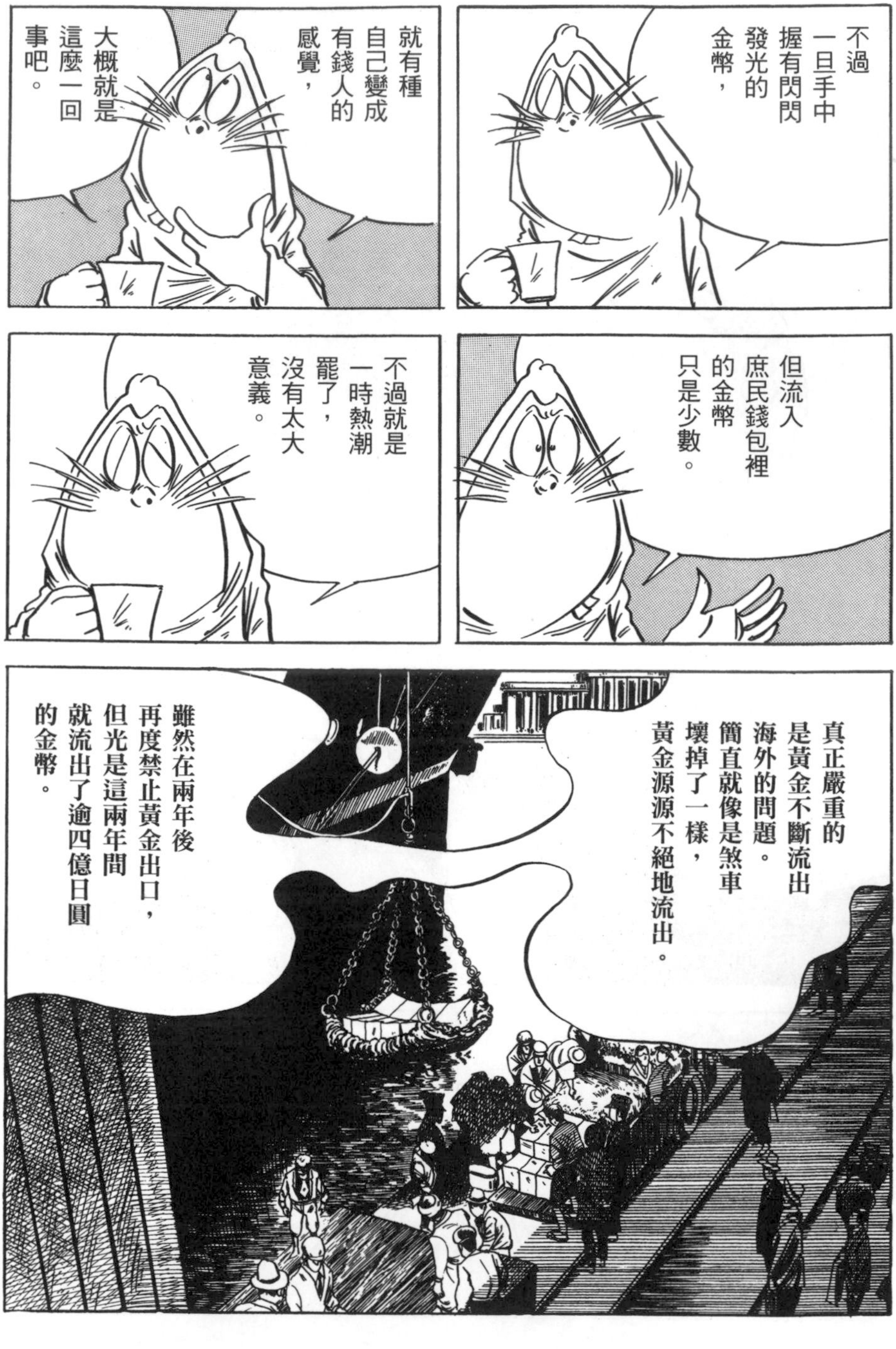
不過一旦手中握有閃閃發光的金幣，
就有種自己變成有錢人的感覺，
大概就是這麼一回事吧。
但流入庶民錢包裡的金幣只是少數。
不過就是一時熱潮罷了，沒有太大意義。
真正嚴重的是黃金不斷流出海外的問題。簡直就像是煞車壞掉了一樣，黃金源源不絕地流出。
雖然在兩年後再度禁止黃金出口，但光是這兩年間就流出了逾四億日圓的金幣。

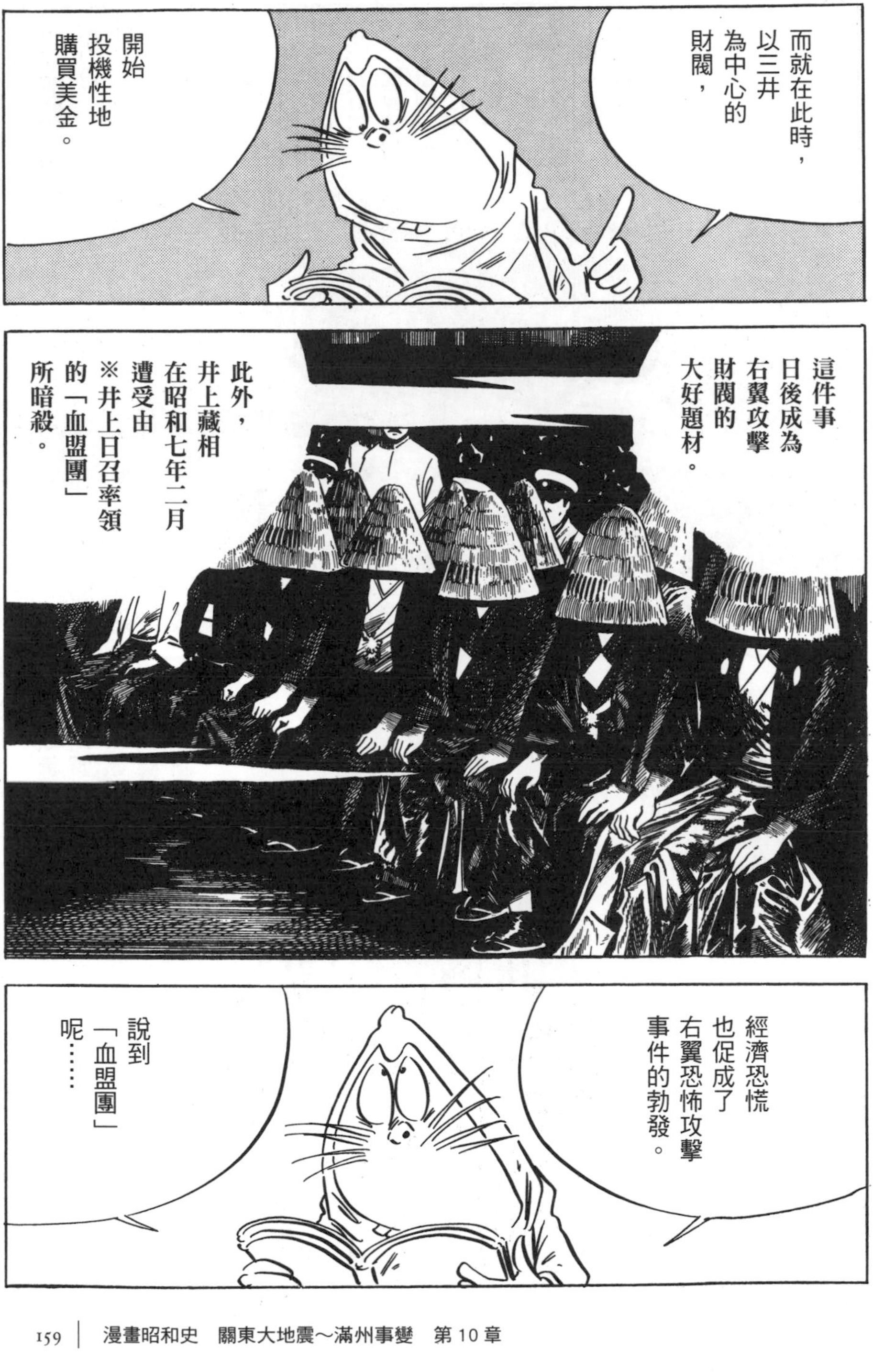
而就在此時，以三井為中心的財閥，
開始投機性地購買美金。
這件事日後成為右翼攻擊財閥的大好題材。
此外，井上藏相在昭和七年二月遭受由※井上日召率領的「血盟團」所暗殺。
經濟恐慌也促成了右翼恐怖攻擊事件的勃發。
說到「血盟團」呢……

※「井上日召」（一八八六～一九六七）……日蓮宗僧侶、國家主義者。創建右翼團體「血盟團」，倡導國家改革。在幕後主導了井上準之助、團琢磨等要人的暗殺事件。

「血盟團」事件
指的是
財界巨頭
井上準之助
在昭和七年
（一九三二）
二月九日、
三井合名會社
的團琢磨則是
在三月五日，
兩人雙雙遭到
「血盟團」成員
所暗殺的事件。
「血盟團」是由
日蓮宗僧侶
井上日召所率領，
以國家改革
作為目標，

不僅跟海軍士官、
右翼團體互通聲息，
更透過暗殺來引發社會不安，
以此為契機來實現
國家革新運動。
參加此運動的
多為農村青年，
以「一人一殺」、
「一殺多生」作為口號，
為當時的日本國民
帶來了巨大衝擊——
井上日召

第11章 倫敦裁軍會議

當時的我
十分熱愛
昆蟲，
一直都在
採集昆蟲。
如果途中行經
墓園的話，
我都會在墓園
裡進行冥想。

我一一巡視每座墳墓，
絲毫不會感到害怕。
我只是覺得不可思議，同時
也很喜歡觸摸墓碑時的那種奇妙感覺。
墳墓下面是否暗藏著**不為人知的世界？**
我不禁對此感到好奇。

此外，我也很喜歡像神社或稻荷之類的小祠堂，感覺裡頭好像有著什麼東西。
我總是穿越鳥居下方，
彷彿在尋找某種秘密，
絕不會就這麼合掌膜拜。

光是看著古老的狐狸石像，就會**不知為何地**深受動搖。
因為我從來不會開口問人，只會在自己腦中自問自答…
雖然搞不清楚怎麼回事，但就像是**不為人知世界**的秘密記號，
自從對此提起興趣以來，我都會在上下學途中觀察祭拜稻荷的祠堂，覺得裡頭一定藏著什麼東西。
カァーー
カァーー
カァーー
*嘎—嘎—嘎—

※「濱口雄幸」（一八七〇～一九三一）……政治家、曾任立憲民政黨總裁。擔任內閣總理大臣時，於昭和五年（一九三〇）遭右翼人士狙擊，翌年不治身亡。

在外交問題上，首先開刀的……

便是※倫敦裁軍會議。
國民對此表現出極大的關心……之所以如此……

※「倫敦裁軍會議」……昭和五年（一九三〇）日、英、美、法、義五大海軍國，以減少並限制海軍軍艦之建造為目的，舉辦裁軍會議。軍部和右翼對裁軍一事卻感到極度不滿，發起反對及撤回運動。

正如當時的孩子們全都崇拜乃木大將和東鄉元帥一樣，
陸軍紀念日、海軍紀念日等也一一設立，自從就讀小學以來就不斷聽到種種勇猛故事。
※《少年俱樂部》的附錄也都是乃木將軍老家的模型，或東鄉元帥的大海報等等。
這個要、那個也要的，軍備預算一路上升，國民繳起稅來也傷透腦筋。
讓我們來聽聽民間的聲音吧。

※《少年俱樂部》……大正三年（一九一四）創刊，由講談社所發行的少年雜誌。附錄形式豐富，包含別冊、繪卷，甚至紙模型。戰後改名為《少年CLUB》，昭和三十七年（一九六二）休刊。

如果要說什麼事情最愚蠢，世上沒有比戰爭更愚蠢的東西了。
就是說呀。
在一戰之後，聯合國只從德國拿到一堆空頭支票，結果什麼都沒收到。
還不只是沒收到而已，
更得到了不景氣和混亂作為戰利品。
目前世界各國為了防止戰爭再次爆發，似乎開始認真下功夫了。
沒錯，因為實在太花錢了……
去那家咖啡店坐坐吧。
是。

不過就算是要防止戰爭再次爆發，
來兩碗紅豆湯。
這從中也強烈地反映出各國的自尊心。
あんみつ
這話是指…？
要防止戰爭再次爆發最直接的方法就是裁軍。
這麼說來，
大戰之後的一九二一年（大正十年），也在華盛頓舉辦了裁軍會議呢。
沒錯，當時將英、美、日三國的海軍力依比例訂為十：十：六。
而日本海軍對這個比例感到強烈不滿。
沒錯，正因如此，才將戰艦「加賀」、「赤城」改裝為航空母艦。
不少戰艦或是遭解體，或是改裝為靶艦。
真浪費…

現在的倫敦會議也是在走華盛頓會議的老路子。
好像已經決定要對巡洋艦、潛艦等輔助艦加以限制了。
會議是在一九三〇年（昭和五年）一月二十一日所舉辦，由英、美、日、法、義五國齊聚一堂。
日本存在著複雜的內部問題。
海軍這次打算改成十：十：七的比例。

不過政府卻未必打算這麼做。
老爺子，我們出去吧。
話題拖得太長了。
蠢蛋，我可是在講正事。
國民也對軍備擴大一事叫苦連天，政府為了防止軍備擴大，打算緊縮財政。
這麼說來，濱口雄幸所率領的執政黨※民政黨在二月大選上取得了壓倒性的勝利。

※「民政黨」……「立憲民政黨」之略稱。昭和二年（一九二七）創黨。與政友會並稱為昭和初期的兩大政黨。於昭和十五年（一九四〇）解散。

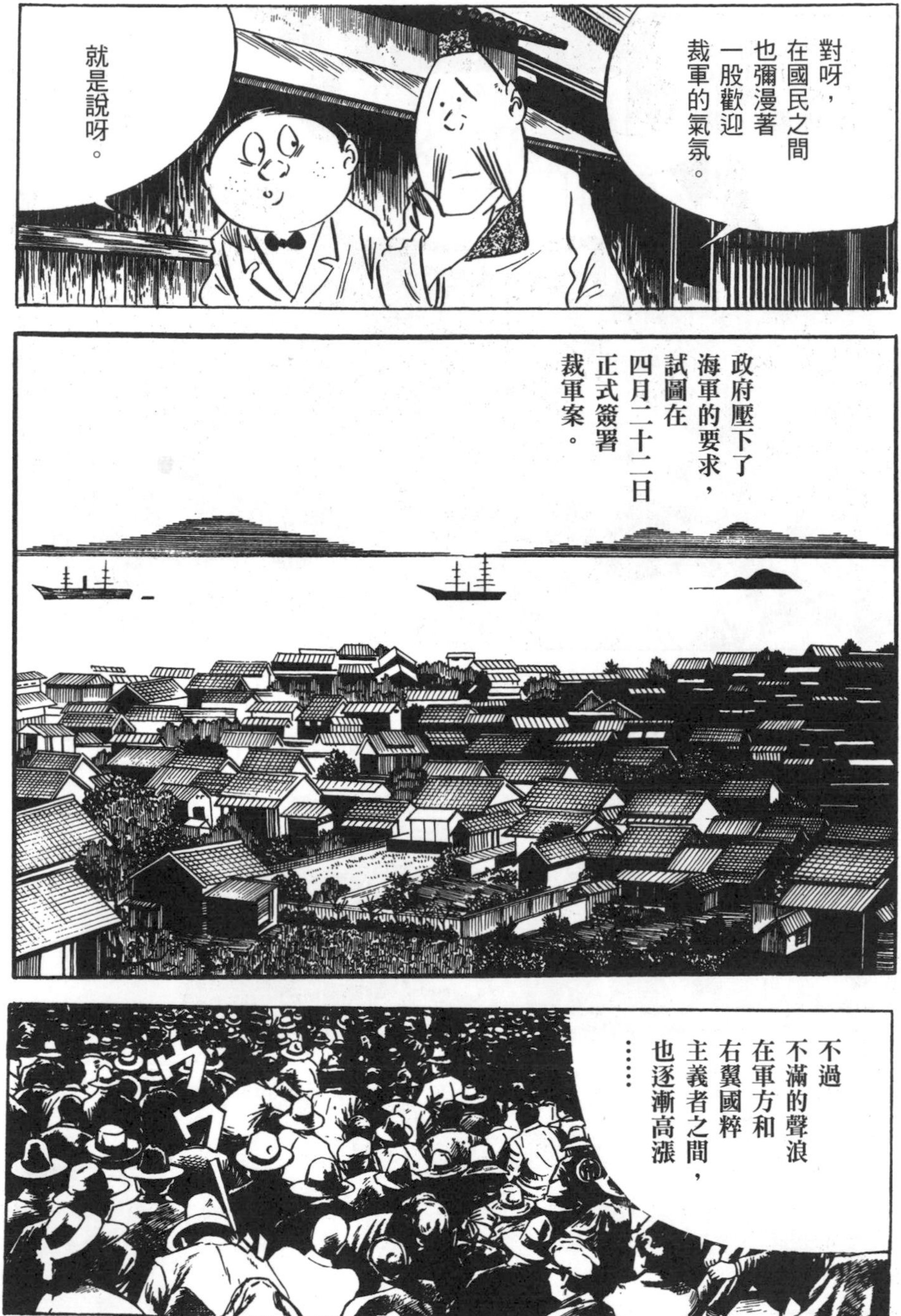
對呀，
在國民之間
也彌漫著
一股歡迎
裁軍的氣氛。
就是說呀。
政府壓下了
海軍的要求，
試圖在
四月二十二日
正式簽署
裁軍案。
不過
不滿的聲浪
在軍方和
右翼國粹
主義者之間，
也逐漸高漲
……
ウワ

*嗚哇—

反對裁軍的國民大會，
雖在右翼的主導之下登場，但仍順利完成簽署。

巡洋艦的噸位最後被訂為一萬噸上下。

自此之後的巡洋艦
被稱為「條約型」，
爭相建造起
一萬噸的巡洋艦。
此時雖然極為不景氣……
但在國民之間，對軍備抱持寬容態度的人仍不在少數。
不，倒不如說有許多人對強大軍備引以為傲，
真煩人。

在野黨的政友會
則在國會上
表示質疑，
認為政府擅自簽署
裁軍條約一事，
侵犯到了天皇
所獨有的統帥權。

這個時候，
發生了
濱口首相的
狙擊事件。

昭和五年（一九三〇）十一月十四日，濱口首相為了參訪在岡山舉辦的陸軍演習，打算在東京車站搭乘該年剛開始運行的燕號火車。
つはめ
就在此時，響起了一記槍聲，讓濱口痛苦地抱著下腹部。
首相，請撐著點！

別慌張，這正是男兒本願！
快點送醫，動緊急手術！

子彈雖然停留在體內，但沒有打中要害，
因而保住了一條命。首相當時所說的
一句「男兒本願」還成為當時的流行語。

犯人是
佐鄉屋留雄
這名右翼青年。

民政黨
則推出
※幣原
喜重郎
擔任代理
首相，
填補濱口
的空缺。

※「幣原喜重郎」（一八七二～一九五一）……外交官、政治家。四度擔任外務大臣，推行對英、美的溫和外交路線。戰後曾擔任內閣總理大臣。

此時，老爸雖待在大阪，卻受不景氣所苦。
*喀啦喀啦
啊啊，肚子好餓。
うどん
カラカラ
喂，彦一。
讓我吃點東西吧。
啊，叔叔。
第二次若槻禮次郎內閣終於成立了呢。
不，比起這個，

先讓我吃點東西吧。
我也有兩、三個月沒送錢回家了。
啊……
我這裡也快要破產了…
比起這個，快點上菜啦。
昭和五年（一九三〇），日本被捲入世界恐慌的漩渦中。
同年三月，商品市場發生大暴跌，經濟陷入顯著的停滯狀態，破產和失業問題也益發嚴重。

*唏哩唏哩、呼嚕呼嚕

隨之而來的，則是失業、

貧窮所衍生出的社會問題……

第12章 煙囪男

*喀啦、喀啦、叩囉

*喀啦、叩囉、喀啦、叩囉

後面好像有什麼東西跟過來了。
カラン
不用看也感覺得到。
コロ…
*喀啦、叩囉
*嗚哇—
うわ—
ガラガラガラガラ
*喀啦喀啦喀啦
呼，呼。
呼，呼。
バタン
*哐啷
你們是怎麼了？
那、那邊有…
ハァハァ
後面跟了個妖怪。
*呼、呼

你們有回頭看嗎？
害怕到不敢看。
ドキドキ
＊撲通 撲通
哈哈哈，那應該是
足音先生吧。
有聽到木屐的聲音吧？
嗯。
如果再聽到的話，就往旁邊讓路。
讓足音先生先走。
？
當我待在大阪時，曾經遇過足音先生。
是喔。
足音先生，
跟幽靈不一樣嗎？
不知道。

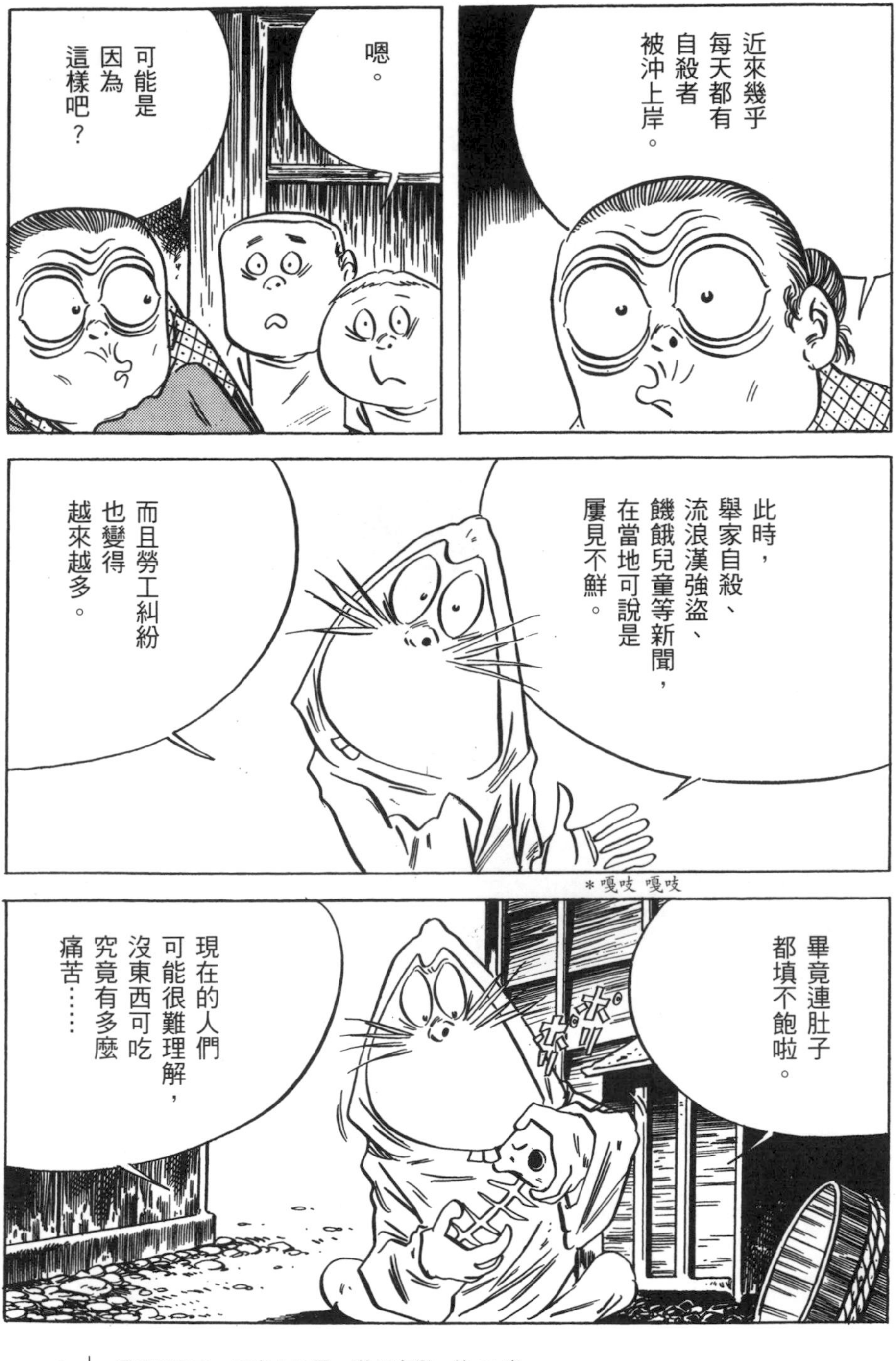
近來幾乎每天都有自殺者被沖上岸。
嗯。
可能是因為這樣吧？
此時，舉家自殺、流浪漢強盜、饑餓兒童等新聞，在當地可說是屢見不鮮。
而且勞工糾紛也變得越來越多。
＊嘎吱 嘎吱
畢竟連肚子都填不飽啦。
現在的人們可能很難理解，沒東西可吃究竟有多麼痛苦……

不只是餓肚子而已，絕望感也會連同空腹感一同朝你緩緩襲來。
在空腹之下，夢想和希望也會一同消失。
四月九日，鐘紡淀川工廠發生了反對減薪的罷工抗爭。
隨後在四月二十日，東京市電也爆發罷工，將這波爭議蔓延至全國各地。

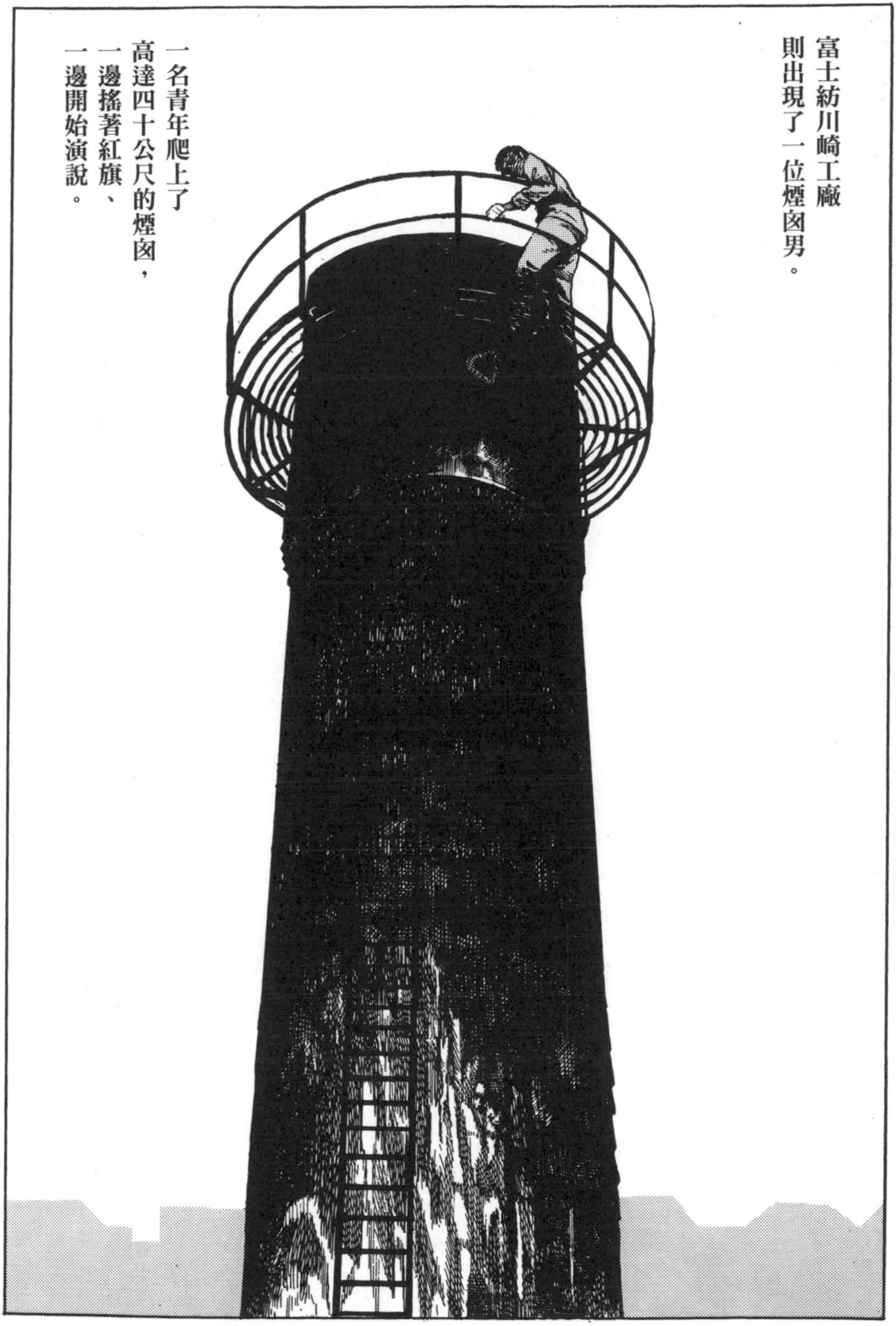
富士紡川崎工廠
則出現了一位煙囪男。
一名青年爬上了
高達四十公尺的煙囪，
一邊搖著紅旗、
一邊開始演說。

什麼？在上頭待了三天還不肯下來……
居然有這種蠢事。
給我用煙囪排煙。
就這麼一點煙，休想讓我下來。
社長，排煙也沒有用。
那就用水攻吧。
現場叫了消防隊來噴水，但還是徒勞無功。

哈哈哈，少玩這種騙小孩的把戲了。
在接受我的要求之前，我絕對不會下來的！
社長！
怎麼了？
在陸軍演習閱完兵之後，天皇陛下似乎會經過此地。
萬一讓天皇陛下見到煙囪男的樣子……
我知道了。事情再這麼拖下去就不妙了。沒辦法，就先大略接受煙囪男的要求，總之先讓他走下煙囪吧。

哈哈哈，還真是個不得了的男子漢。
煙囪男的滯空時間一共高達一三〇小時（共六天）。
在如此的失業世道，出現煙囪男也沒什麼好奇怪的。
也不是只有下層勞動者才會受到失業之苦。
甚至出現了學校老師、區公所職員拿不到薪水的例子。
就算就業了，感覺起來也跟失業沒什麼兩樣。

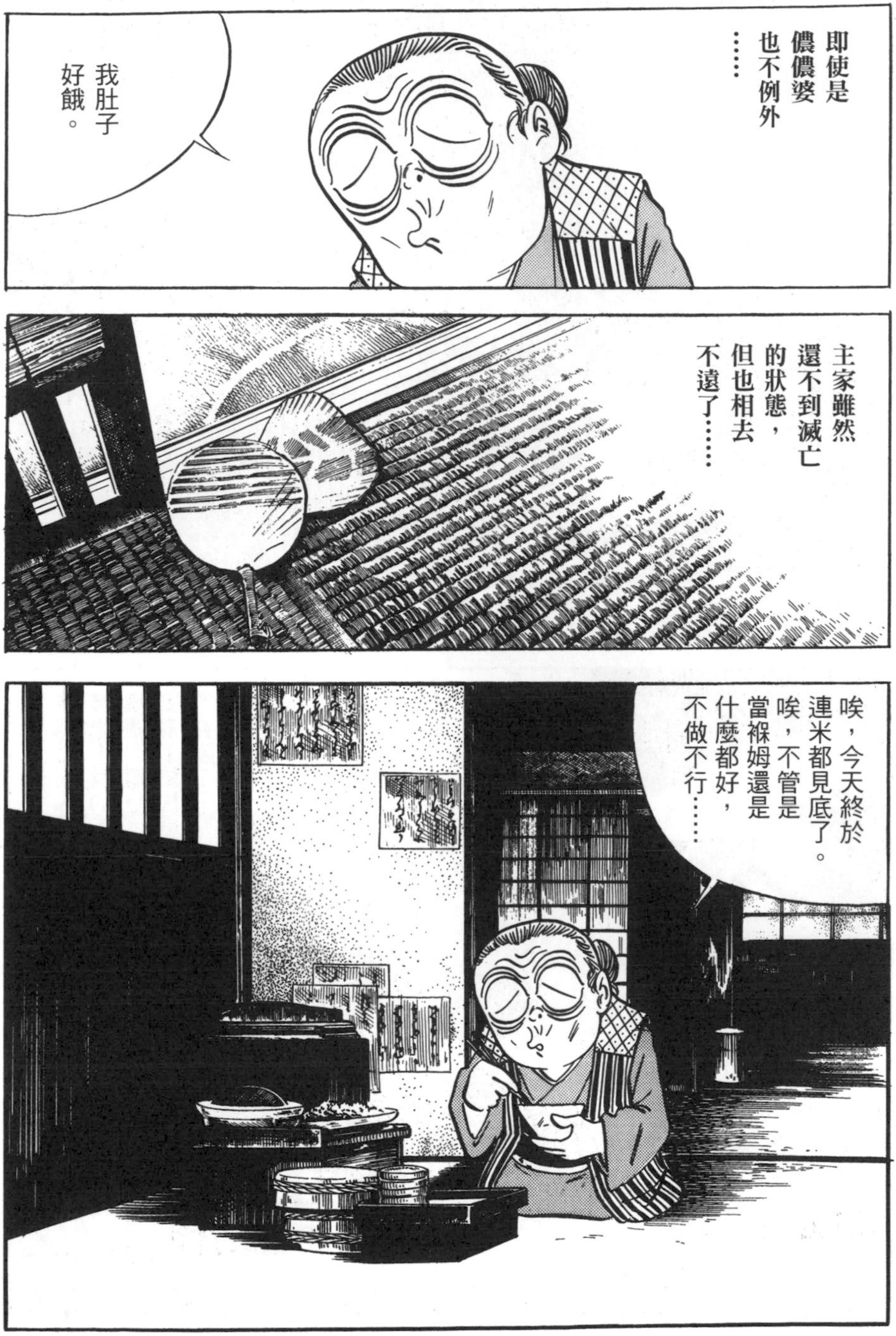
即使是
儂儂婆
也不例外
……
我肚子
好餓。
主家雖然
還不到滅亡
的狀態，
但也相去
不遠了……
唉，今天終於
連米都見底了。
唉，不管是
當褓姆還是
什麼都好，
不做不行……

儂儂婆雖然有在當褓姆，但還是填不飽肚子⋯⋯
實在沒辦法了，只好去照顧肺結核患者。

雖然是人人避之唯恐不及的工作，儂儂婆還是去當了結核患者的看護⋯⋯

那時只要一去學校，
我也看到自殺者了。
對呀，兩個人腿兒交纏，在海上載浮載沉。
ガヤ
ガヤ
都是不景氣害的。
不景氣？
當時一到午餐時間，有些同學連便當都沒得帶。

*喧鬧

當大家津津有味地開動時，
那些同學只好假裝在讀書。
當時我還不知道是怎麼一回事……
那真是個難熬的年代……
小茂，你來瞧瞧。
啊，現在幾點？
五點。
鄰居的阿豐正在挨揍。
咦，
阿豐啊……

阿豐正在被父親毒打。
嗚嗚，幹什麼都好，我就是不要去船上燒飯！
叫你去，你就給我去！
＊啪嗒、啪嗒
＊嗚嗚—嗚
ポカリ
ポカッ
うわーん
＊啪嗒
給我去煮飯！
阿豐要去船上燒飯了。
因為他父親已經收下一年份的錢了……

當時的漁船可以搭乘五、六個人，而且都會附上一個負責燒飯的小孩。
工作內容是在漁船出海之後，負責準備船員的食物，
往往由貧窮的小學生或見習的兒童來擔任。
阿豐雖然已經六年級了，卻不太常去上學，體格也很瘦小。
阿豐從五年級就開始工作了。

他們家境貧困、孩子又多，因此一家都得全年無休地工作。
即便如此，阿豐一家還是難求溫飽。
漁船沒多久就遇上暴風雨，阿豐也丟了性命。
＊唰唰—
連屍體都沒找到。
真想吃零食。
只要一出此言，母親總會說：
瞧瞧阿豐。

就是這麼一回事。
當時因為父親沒送錢回來，家裡也一貧如洗。
啊，又是地瓜粥。
別嫌東嫌西的。
瞧瞧阿豐吧，
才六年級就歷經苦難而死了。
早上能像這樣吃到地瓜粥，應該要覺得感激才對。
……
……
？

第13章 農村的窮困慘狀

就連在當時
被視為精英分子
的大學畢業生，
也很難找到工作。
「雖然大學
畢業了」這句話
成了流行語。

而悲慘到無以復加的，
則是東北農村的
窮困窘境。

稻米、生絲等主要農產品的價格一路下滑，陷入窮困潦倒的慘狀。
再這樣下去，只能舉家自殺了。

農村的悲慘
窘境在於，
即便遇上
豐收，

也會被低價
收購。歉收時
稻米則無法
收成，最終
落得無米
可吃⋯

更遑論
名下沒有
土地的佃農
還佔了半數
以上……

這些農民必須
將半數稻米充作
地租繳給地主，
只好吃小米。
沒有小米的時候，
就在小米糠、
橡子、蕨根之中，
加進少許米飯
一同炊煮。

甚至連味噌都沒有，只好放入少許的鹽來調味，就稱得上是一頓豪華大餐了。

家中朝南之處讓給重要的馬匹住，人們只好睡在朝北的稻草床上。

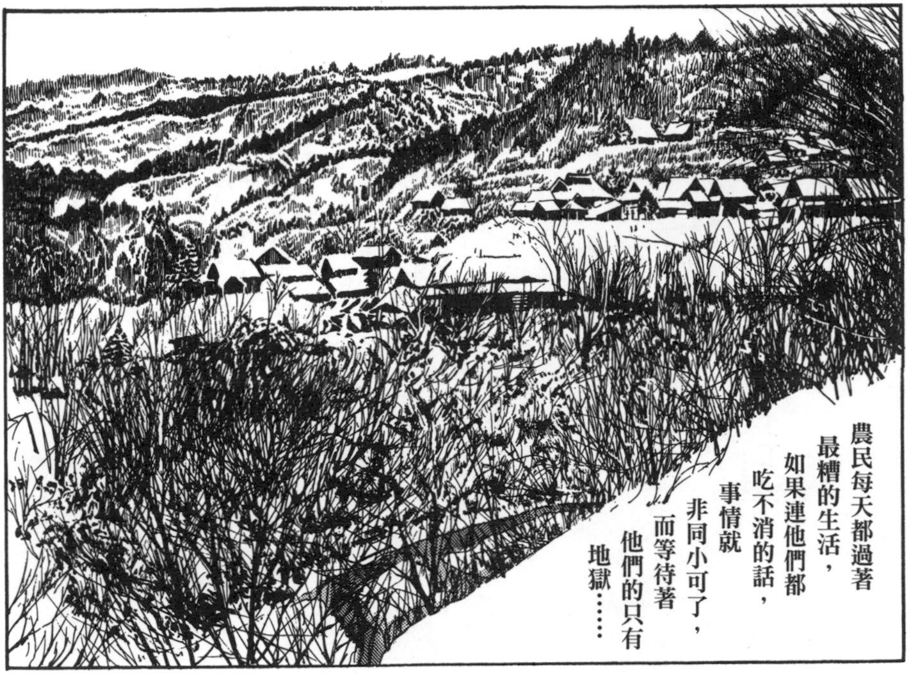
農民每天都過著
最糟的生活，
如果連他們都
吃不消的話，
事情就
非同小可了，
而等待著
他們的只有
地獄……

請救救
東北的農民。
雖然在東京
展開了
募款活動，
效果卻
不太顯著。

※「水呑百姓」……意指窮到只剩下水可以喝的貧農。

今年的稻米反而是大豐收呢。
對呀。
都是因為台灣跟朝鮮的米也銷來日本。
沒錯，拜不景氣之賜，需求量遲遲無法提升。
才會造成這種即便豐收，也落得苦哈哈的奇妙現象。
唉，稻米價格雖然下跌了……
其他物價卻仍然居高不下，
實在撐不下去了。
而且因為小型佃農佔大多數，
債務只會越來越多。
所以才會被稱為
※水呑百姓。

而且啊，兩、三年前銷路還不錯的生絲，現在卻賣不出去了。
進口對象的美國不景氣，出口貿易當然撐不住啦。
國內景氣也一片慘澹……
這樣下去只有死路一條了。
何不去大城市闖闖看？
城裡擠滿了像你們這樣的失業者啊。
原來如此。
這麼一來，剩下的方法…
只剩下賣女兒一途了……
再怎麼說，都不能把女兒給賣掉呀。

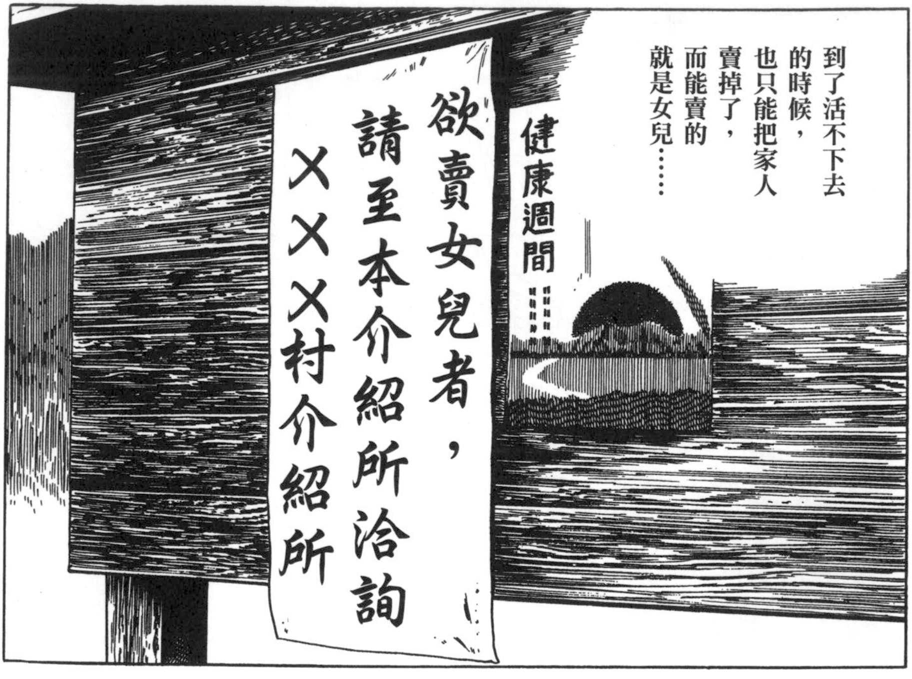
到了活不下去
的時候，
也只能把家人
賣掉了，
而能賣的
就是女兒……
健康週間……
欲賣女兒者，
請至本介紹所洽詢
×××村介紹所

而被賣出去
的女孩們
則是——

成了娼婦、
酒女、
女接待、
藝伎等等……

常常在海邊
自殺的賣春婦們，
應該也是出自
相同境遇吧。
而農村的這番
窮困景象，
對於部下中
有不少士兵
是農村出身的
青年將校來說，
自然也深感
痛心不已。

此外，
日本民族
主義者
也都
將農村
視為心靈
的故鄉。

右翼思想家
※橘孝三郎，

以及
※權藤成卿，
也都是
※農本主義者。

※「橘孝三郎」（一八九三～一九七四）……農本主義者。經營「愛鄉塾」。後結識井上日召，參與昭和七年（一九三二）的五・一五政變事件，而被捕入獄。

這一切都是為政治所害。
沒錯，我等必須置生死於度外，守護農民。

在所有條件都湊齊之下，右翼恐怖事件開始層出不窮。他們自詡為貧窮農村的代言人，對政治家和財閥施行「天誅」。

※「權藤成卿」（一八六八～一九三七）……農本主義者。批判資本主義，關心農民的窮困問題，倡導農村自治的「社稷國家」論。著有《農民自治本義》。

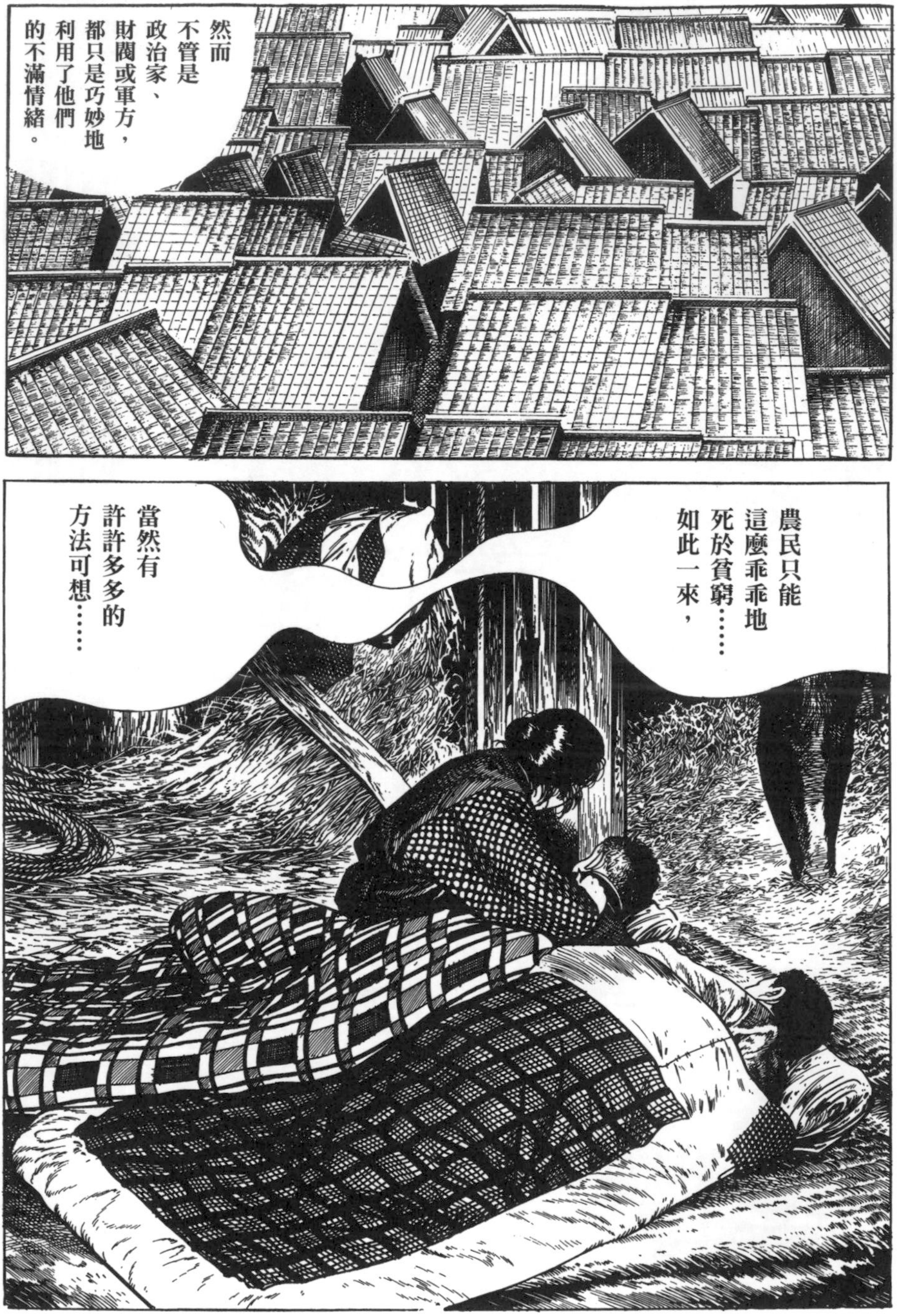
然而
不管是政治家、財閥或軍方，都只是巧妙地利用了他們的不滿情緒。
農民只能這麼乖乖地死於貧窮……如此一來，
當然有許許多多的方法可想……

※「農本主義」……批判現有體制，主張以農業為立國基礎的思想。

總而言之，
「農村的窮困問題」
意外地成為
法西斯主義的
導火線，
也讓日本
陷入了
漫長的
戰爭。

第14章 小孩大戰

此時，在境町周邊五個町村的運動會上，我成了代表選手……
尤其在短跑上更是未逢敵手。
預備！
在槍聲響起時，我已經比其他人搶先一步起跑了。

＊衝　＊砰—

＊砰——

換言之，
在喊「預備」
的時候，
身體已經
浮在半空中
了。
如果
在起跑時
慢了一步
的話，
ド——ン
怎麼了？
我沒聽到
信號。
只要這麼
一說，
老師總是
會重頭來過。
喂，
重來一遍。
因此，
我老是
得第一。

既然能在五個町村的運動會上奪冠，打起架來自然也不是蓋的。我在家時常讀《少年俱樂部》。
「岩見重太郎擊退狒狒」實在太厲害了。
＊砰隆
＊啊
在學校則成天打架。
拜此所賜，還收了個叫「貓仔小安」的手下。
回家之後，還有另一場幹架在等著我。

這場幹架是丟石子戰，
因此極盡危險之能事。
コーン
*叩
コ
コ
コーン
*叩咚
敵人已經出現在丟石子戰的場地上了。
混帳，正仔的頭可是縫了五針喔。

住嘴！
錯的明明是你們！
你說啥！
＊咻—咻—
ピュー
ピュー
什麼！
好痛！
今天的敵人就是阿清了。
別跑

＊咻—咻—　＊砰隆

＊咻—

找不到桶子，只好用箱子了。
不可思議的是，只要一對敵人心生恐懼，
大家就會同時感到恐懼。一旦有人開始撤退的話……

＊叩

＊咚隆

＊砰隆隆

＊搖搖晃晃

＊啷啷

所有就會以排山倒海之勢撤退。
帶頭的自然是我方的孩子王。
如雪崩一般的敗退之下，
＊啪嗒
＊咿呀—
塾底的就會慘遭痛扁一頓。

*啪—嗒
*嗚哇—
*吁、吁
認輸了嗎——
啊，弟弟！
竹安，住手！
你說什麼！
*嘿咻—
*碰咚
*暈眩
*磅
*磅

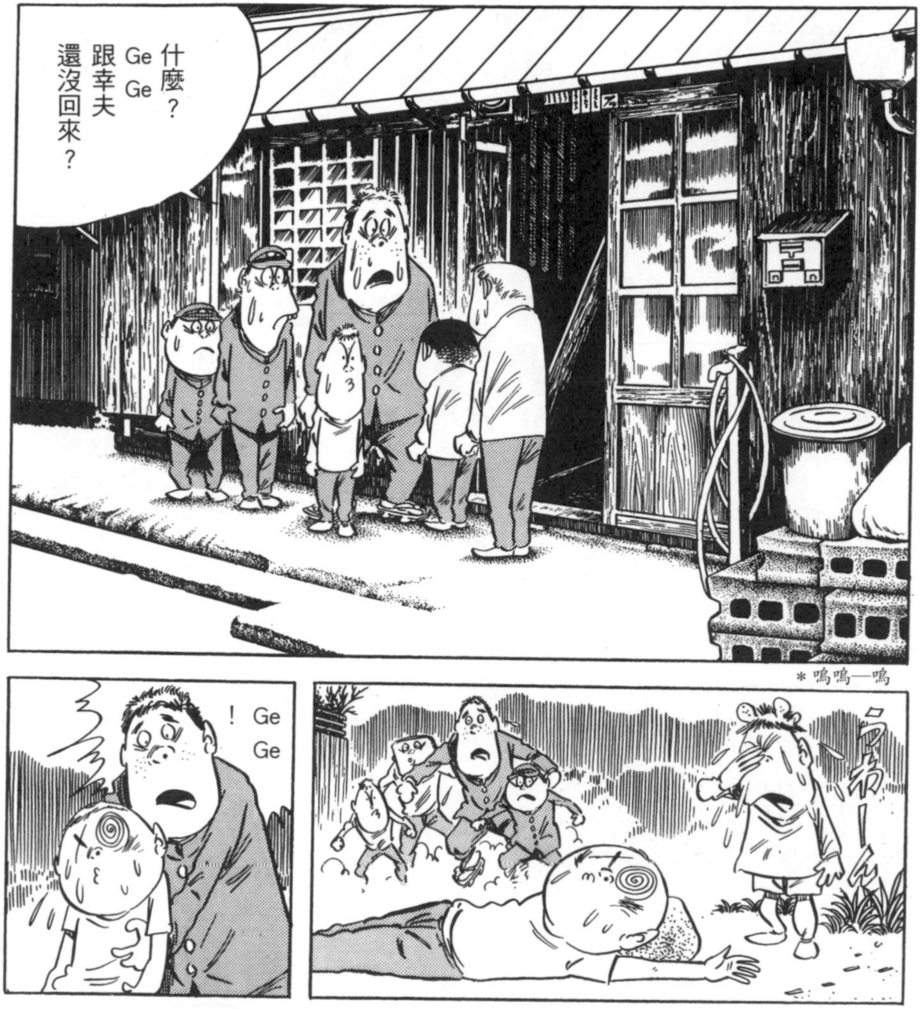
什麼？
GeGe跟幸夫還沒回來？
！GeGe
うわーん
竹安已經撤退囉！
撤退？

*嗚嗚—嗚

*咚

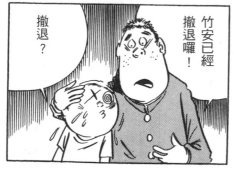

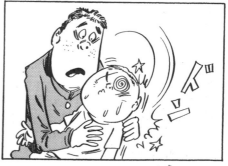

某日，孩子王叫我去花町偵察。在向神明祈求平安後，我就出發了。
哇，好猛。
他們到底在幹嘛？

*啵—咕咻咿　*哎唷　*哇啊啊啊啊

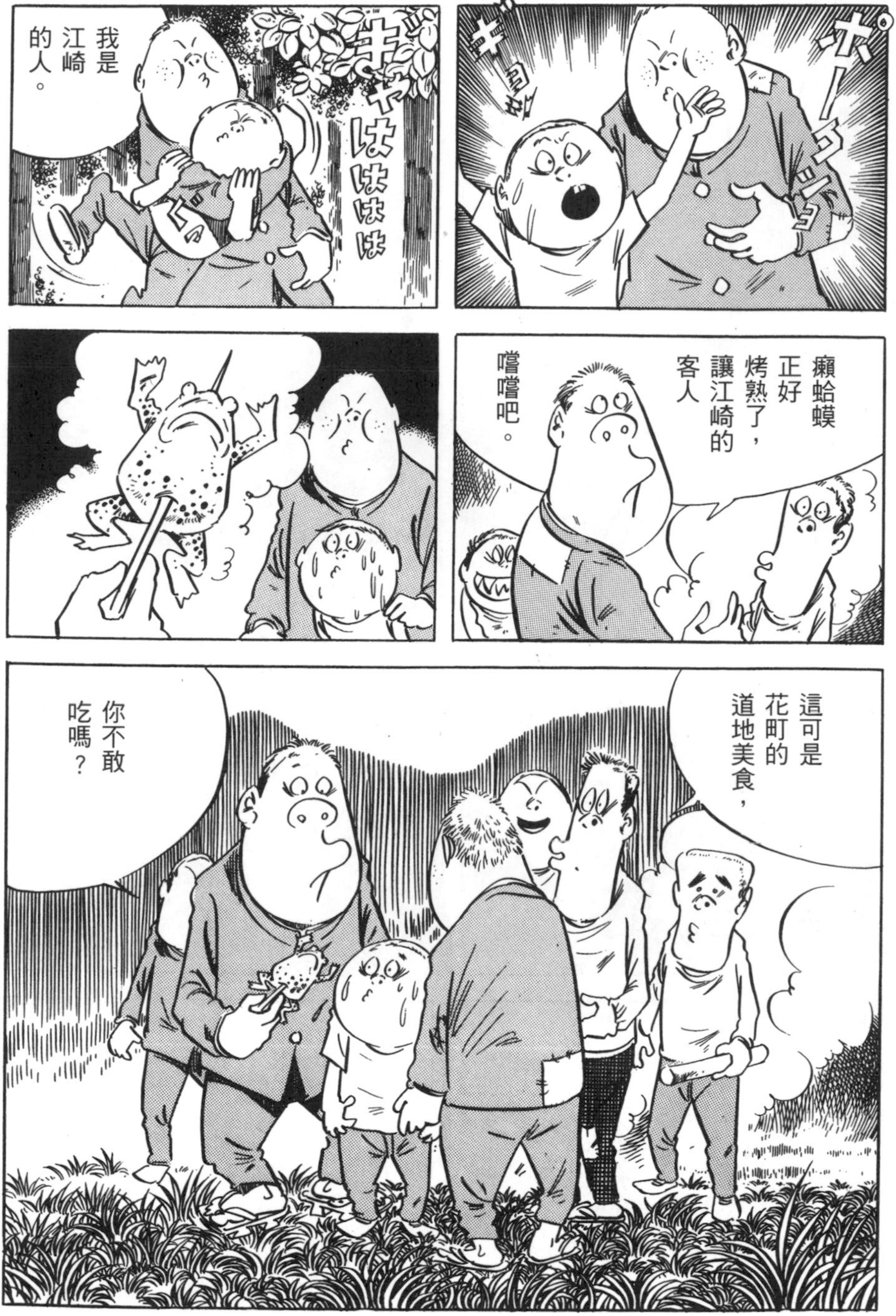
我是江崎的人。
癩蛤蟆正好烤熟了，讓江崎的客人嚐嚐吧。
這可是花町的道地美食，
你不敢吃嗎？

似乎是不敢吃呢。
喂，會下，讓他見識一下東京吧。
＊啵—咕咻咿
看到東京了嗎？
＊咿—
＊咕啾咕啾咕啾
嗚嗚，看到了！
＊咕啾咕啾咕啾
看到了的話，
就嚐嚐花町美食吧。
是。
快吃！
＊顫顫巍巍

*咕嘟
要再看一次東京嗎？
ゴクリ
*大口咬
ガブリ
不要！
Ge Ge。
是、是的！
我知道你是來偵察我們這裡的。
是。
五郎仔最近怎麼樣
？
是？
少給我裝傻！
啊
*咚
*啪
ポトリ
喂，江崎的人在嫌花町美食不好吃呢。

*啵—咕咻咿
幫他加點味噌吧。
*黏答答
拿去！
啊，可惡！
把這個吃了，我們就放你回江崎。
我吃。
給我慢慢吃、細細嚼。
*咳呃
*啵—咕咻咿
花町的味噌可是很美味喔。
*哇—
*呼—

＊啵—咕咻咿
讓他帶點禮物回去吧。
回去之後，記得把這朵鼻屎花送給五郎仔。
ポークショ
くらくらくら
＊暈頭轉向
哇，上頭好多鼻屎。
這可是花町的象徵，很美吧？
別再給我偷偷跑來花町！
花町可不是讓你們小看的。
是。

*叩
*咻—
ピュー
コン
有天一放學，就隨即開戰了。
一旦有人高喊「來了——」之後，就彷彿宣戰般，全體都跑進了木屑場，戴上開了洞的石油罐。
*咻—
ビュー
五郎仔，給我出來
呃
?
?
大概是看到新兵器大吃一驚，竹安軍氣勢大減……
上啊
—

＊砰—咚

啊！
五郎仔，你給我記住。
花町的總大將要出馬了！
聽來不妙了。萬一竹安跟花町聯手攻過來的話，該怎麼辦？
也只能一戰了。
不過敵方人數可是我們的五倍之多。
沒辦法了，就把這小屋當成作戰陣地吧！

江崎可不是花町的小弟。
沒錯，江崎自古以來就是自立自強。
那就在入口裝一個灑沙子的陷阱吧。
原來如此。
怎麼樣，要不要再裝個放石頭的陷阱，
在雙重驚嚇之下，應該效果超群吧。
＊叩叩梆梆
好主意，交給你了，就用那個竹擔子裝吧。
你們去搬石頭過來。
豬鼻阿正就要成為陷阱下的亡魂了。

不久之後，傳來了把風者的聲音。
豬鼻阿正來了——
ワー
＊哇—
少在那邊發抖。
我才沒有發抖呢。
ガタガタ
＊顫顫巍巍
我只是想大便而已。
Ge Ge！
把門關起來！
這些石頭很重喔。
這玩意兒落下來，可不得了了。
沒錯。
人來了！

花町
大夥們上吧！

嗚哇

＊磅唧
ぐわしゃん
花
現在投降的話，就饒了你們。
少給我囉哩八嗦
＊啪啦—
這次給我認真上——
めめめ
＊咔嚓咔嚓咔嚓—

*嗚哇—

突擊
うわ
*拉
*唰
ぶわ
哇，是沙子！
!?
ヤ花
うわ
*嗚哇

別玩弄小把戲了，
乖乖就範當我們的小弟吧！
花
啊，豬鼻阿正進來了。
第二發！
＊扯
＊咯隆咯隆咯隆
啊！

綁起來、綁起來，敵方只有兩個人！
ムグー!!
*呃啊
豬鼻阿正！
*嘎
ピビビビビビ
*啪嗒啪嗒
竹安…
ピビビビビビ

＊嗚—
＊啪
竹安，我也要替弟弟揍你幾下。
喂，大便。
嗯。
＊噗嚕噗嚕
豬鼻阿正，這可是江崎剛出爐的烤味噌。
＊嗚嗚
＊咕啾咕啾

像這種
不要命的
打群架，
在局外人眼中
看來可能
很白痴，
但對當事人來說
可是驚險刺激，
十分有趣。
不可思議的是，
當時不只是
這裡而已，
也在全國各地
一一上演，
所以才這麼有趣。
うわー
不知為何，
整個日本
當時都充斥著
一股崇尚軍人
的風氣。
「軍人是
正義的夥伴」，
庶民之間
彌漫著這種
奇妙的信仰，
因此勇猛的行徑
也大受歡迎。

＊嗚哇—

第15章 滿洲事變爆發

軍事間諜※中村震太郎遭中國軍逮捕槍斃的時候，
不僅全體國民為之震怒，甚至還為他寫了歌。
還真是受歡迎啊。

※「中村震太郎事件」……昭和六年（一九三一）六月二十七日，日本陸軍參謀中村震太郎大尉帶著部下假扮成蒙古人，於大興安嶺進行諜報活動時被中國軍方發現，當場處決。

＊巍巍蕩蕩／義士中村／震太郎／大一尉

*轟—隆

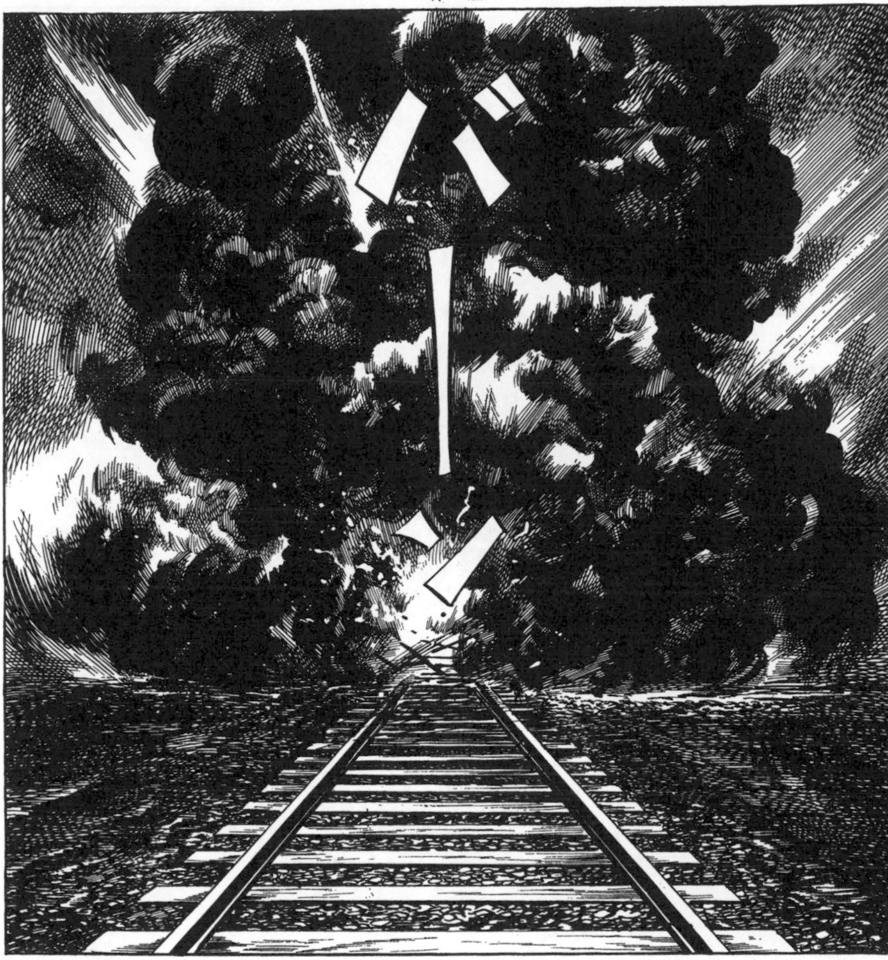
バーン

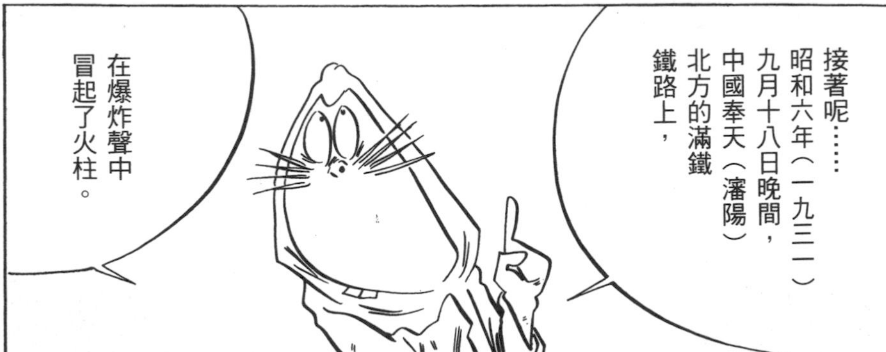
接著呢……
昭和六年（一九三一）九月十八日晚間，中國奉天（瀋陽）北方的滿鐵鐵路上，
在爆炸聲中冒起了火柱。

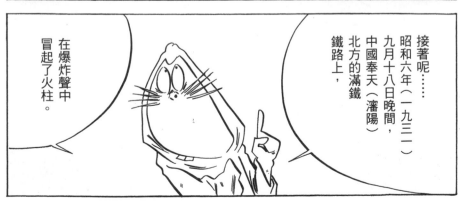

滿鐵作為日本經營大陸的動脈，竟然遭到炸毀。
此事一旦公諸於世，當時的日本人自然不免怒氣沖天。
所有報章雜誌無不文誅筆伐，
以事發地點之名而稱其為「柳條湖事件」，並成為滿洲事變的開端。
自此之後，便有如連載漫畫一般，事件接二連三地爆發。
一路至昭和二十年（一九四五）八月為止，替這場為期十五年的「十五年戰爭」揭開序幕。
總之就是戰火不斷，
這大概只有小孩跟軍人才會覺得有趣吧。

※「板垣征四郎」（一八八五～一九四八）……陸軍大將。作為關東軍高級參謀，與石原莞爾一同策動滿洲事變。日後任近衛、平沼內閣的陸軍大臣。戰後，在東京審判中被定為甲級戰犯。

當時盛傳，
柳條湖事件
是由數百名
中國兵所幹下
的好事……

但日後
才真相大白，
原來這是
以關東軍的
※板垣征四郎
和※石原莞爾
為中心所安排
的計謀。

※「石原莞爾」（一八八九～一九四九）……陸軍中將。作為關東軍參謀，指揮滿州國建設，與板垣征四郎一同策動滿洲事變。

也就是由
日本軍的
奉天守備隊
所炸毀。

拜此之賜，
關東軍得到
動武的
大好藉口，
迅速展開
作戰。

＊萬歲—萬歲—

奉天守備隊
和第二師團
二十九連隊
聯手合作，
一舉奪下了
中國軍的軍舍，
在短時間內
完成鎮壓。

事件發生的
三小時後，
在十九日
凌晨一點，
發佈命令
佔領滿鐵沿線的
奉天、長春。

十九日將近正午，奉天遭到佔領。

對於陸軍的獨斷獨行，日本政府內部多半都感到憂心忡忡。
若槻內閣的方針，是堅持推動緊縮財政和裁軍。
在軍方頑強抗拒之下，裁軍看來是不太可能實現了。
滿洲如果在此時發生了什麼事的話，就不得不派出數萬名部隊了，意思是……
當然了，內閣不希望把這次的事件鬧大。

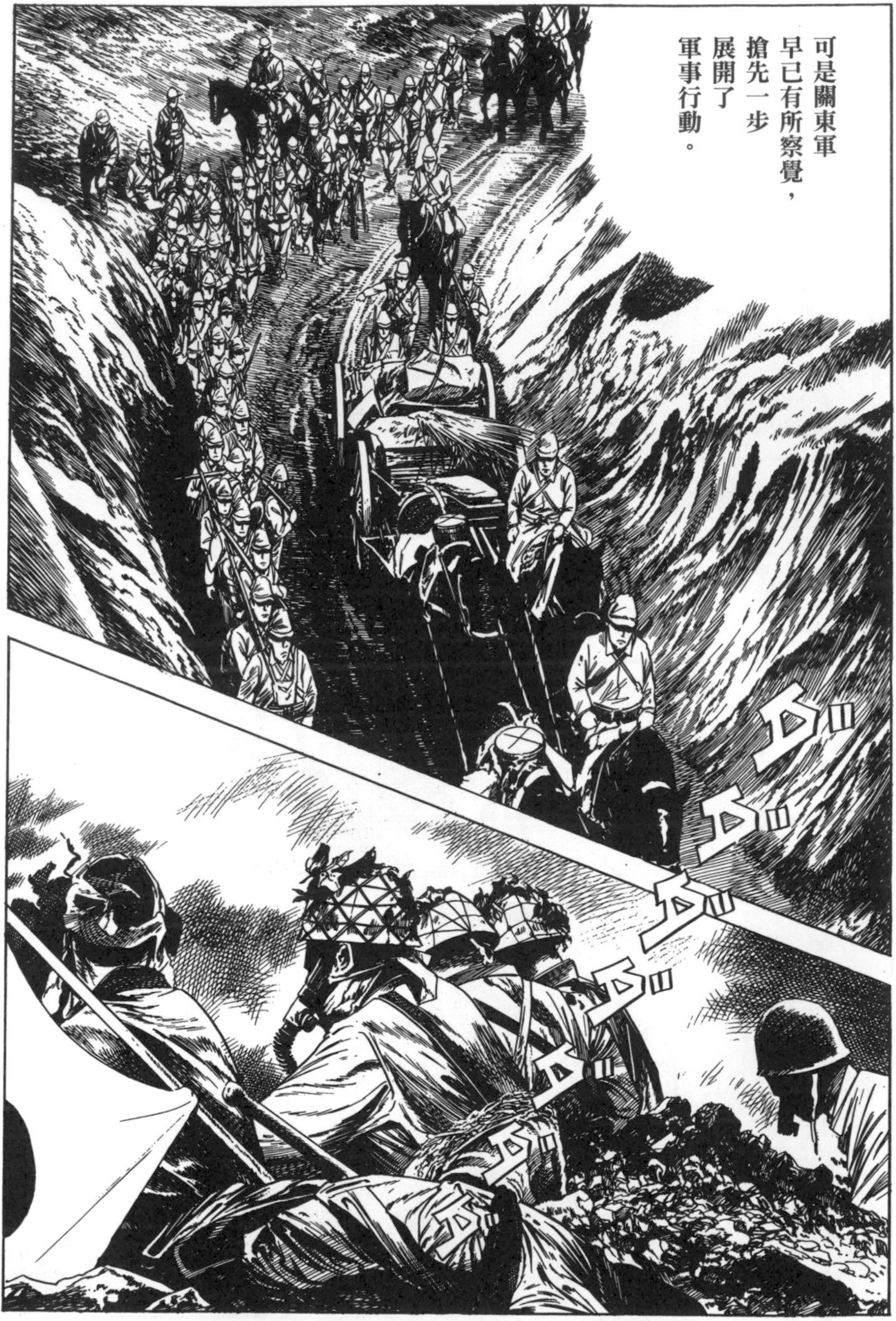
可是關東軍
早已有所察覺，
搶先一步
展開了
軍事行動。

*噠噠噠噠噠

九月
二十二日，
政府決定
將朝鮮軍
（朝鮮自
明治四十三年
〔一九一〇〕
以降便為
日本所併吞）
派往滿洲，
並支付
戰爭費用。
通往戰爭之路
已經停不
下來了。
滿洲事變
埋下了
一記伏筆，
促成滿洲國
在翌年
昭和七年
三月建國。

＊轟—

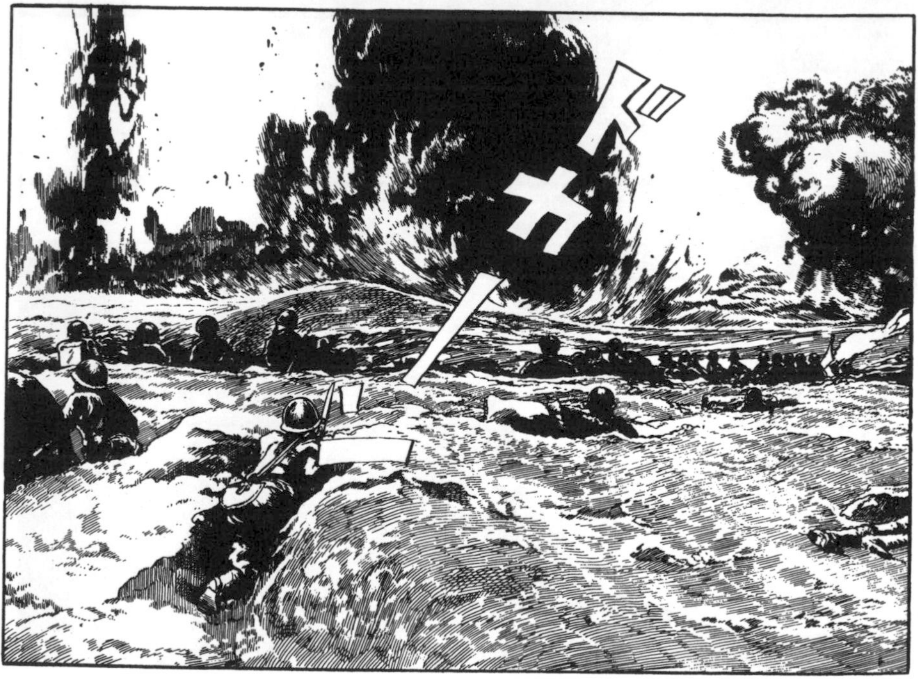

＊磅—

這座滿洲國，
正是日本
為了侵略
大陸、
經營大陸
而邁出的
一大步。
满洲国建国

明治開國
以來，
日本一邊
抵抗歐美
列強的外部
壓力，

一邊走上
通往大國之路，
日本雖然自許為
亞洲盟主，
事實上
卻成了
亞洲暴君
的象徵。

＊噠噠噠噠噠

＊轟隆

＊砰—

漫畫昭和史　關東大地震～滿州事變｜完

昭和初期……
當時學校不會
發下功課，
有很多遊玩的
時間——
昭和史
滿洲事變～中日全面戰爭

什麼事都可以好好講！
昭和七年（一九三二）五月十五日——官邸裡的犬養首相遭海軍激進派襲擊，頭部中彈，當晚死亡，即為所謂的五月・一五事件。

廢話少說！

昭和十二年（一九三七）七月七日，中日兩軍於蘆溝橋出現衝突！
中日戰爭爆發！

日本的毀滅
便是由此
而始…

而在昭和十四年（一九三九）九月三日，英、法向德國宣戰！

第二次世界大戰終於登場——

當時，
我整天都在
悠閒作畫——

第1章 巨大口角

昭和八年（一九三三）六月，參謀本部率先實施軍制改革，預設危險的假想敵國，並召開籌劃相關戰略戰術的秘密會議——
關於日本國防接下來該如何運作，我希望聆聽各位的意見。
作戰之鬼※小畑敏四郎赫然起身，如是說道。
如果不打倒蘇聯，日本就毫無國防可言。
在極東蘇聯軍尚未壯大之前，應該趁機打敗蘇聯軍。
這可稱為預防戰爭……

※「小畑敏四郎」（一八八五～一九四七）……陸軍中將。陸軍皇道派的代表人物之一。戰後擔任東久邇內閣的國務大臣。

無論中國再怎麼有心抗日，都不必跟中國鬧事，
跟英美之間則是越平靜越好。
若要守護日本，除此之外別無他法……
正當會議上的所有人，都開始傾向小畑耗費半生所研究出的這套理論之時……
等等！
※永田鐵山少將挺身而出。
我堅決反對！
永田鐵山既是※統制派的老大，頭腦也十分明晰。

※「永田鐵山」（一八八四～一九三五）……陸軍中將。陸軍統制派的核心人物之一。因皇道派與統制派的鬥爭，於昭和十年（一九三五）遭相澤三郎中佐斬殺。

若對蘇聯動手，恐怕會演變成全面戰爭。以日本現在的國力和軍事力來看——
實在難以跟蘇聯互相抗衡。倒不如擴大滿洲事變的戰火，在併用謀略之下，
首先處理堅持抗日、侮日方針的中國問題，才最為至關緊要。
換言之，我國必須先令中國屈服，除去後顧之憂，
並利用他們的資源來增強國力，最後才跟蘇聯開戰。
對此，

※「皇道派・統制派」……昭和前期陸軍內部對立的兩大派系。皇道派主張尊皇，透過天皇親政進行國家改革，視蘇聯為敵，深受革新派青年將校支持；統制派以軍紀為重，強調全軍上下一心。

就連面對蘇聯一國都難以自保了，如果還與中國為敵，事情就一發不可收拾了。
小畑怒吼道。
＊咻——
＊磅磅磅磅磅
若為了令中國屈服而全面開戰，不僅極度消耗我國國力，
更波及了英美的權益，最後會演變成與全世界為敵。

要在短時間內令敵國屈服、為戰爭劃下句點，簡直難如登天。
同樣都是東洋民族，我們跟中國不必以實力見高下，反倒應該攜手合作。
比起此事，更應該趁蘇聯壯大之前，掌握良機迎頭痛擊。
中央會議上雙方僵持不下。

不過，永田所主張的「對中一擊論」，意即只要對中國施予一擊，就會立刻屈服——如果不這麼做的話，
萬一日蘇戰爭爆發，中國也難免跳下來對日宣戰。
如此一來，為了替未來的對蘇戰爭做好準備，先得讓中國吃點苦頭。
在此之下，陸軍大多數人都倒向了統制派永田的意見……

這是一場決定了日本命運的重大論辯。
不過，如果真依小畑所說
向蘇聯開戰的話，
說不定會淪落至跟德國一樣的命運。
雖說是後見之明……
但如果日本可以按兵不動就好了。

不，人類這種玩意兒啊，實在沒那麼容易辦到這一點。正如歌德所說的……
無論是國家的命運，還是個人的命運，都受到了未知的力量（魔鬼）所引導…

第2章 儂儂婆之死

＊咚咚咚

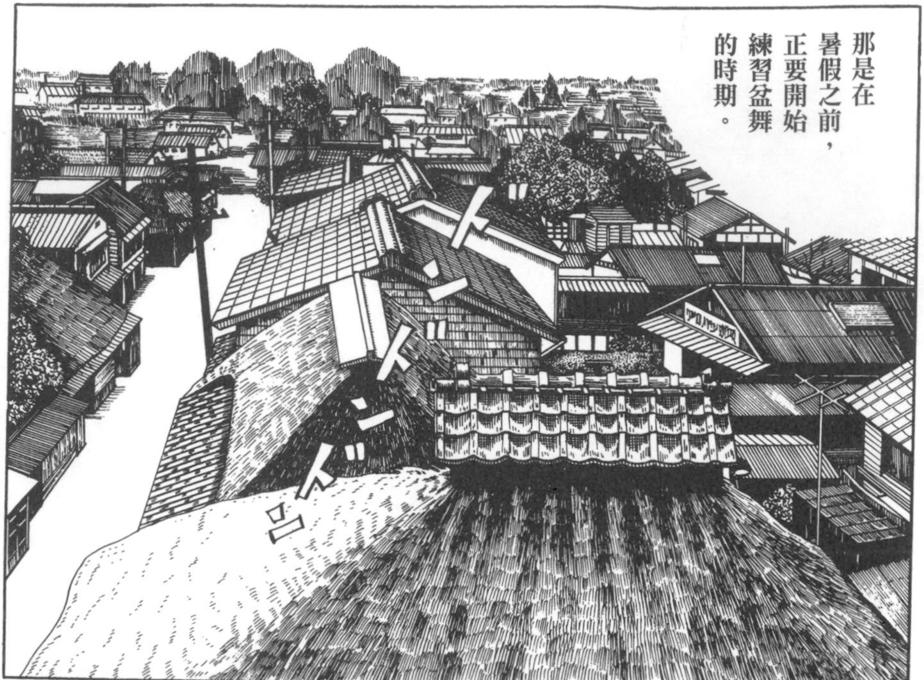
那是在
暑假之前，
正要開始
練習盆舞
的時期。

＊咚隆 咚隆 咚

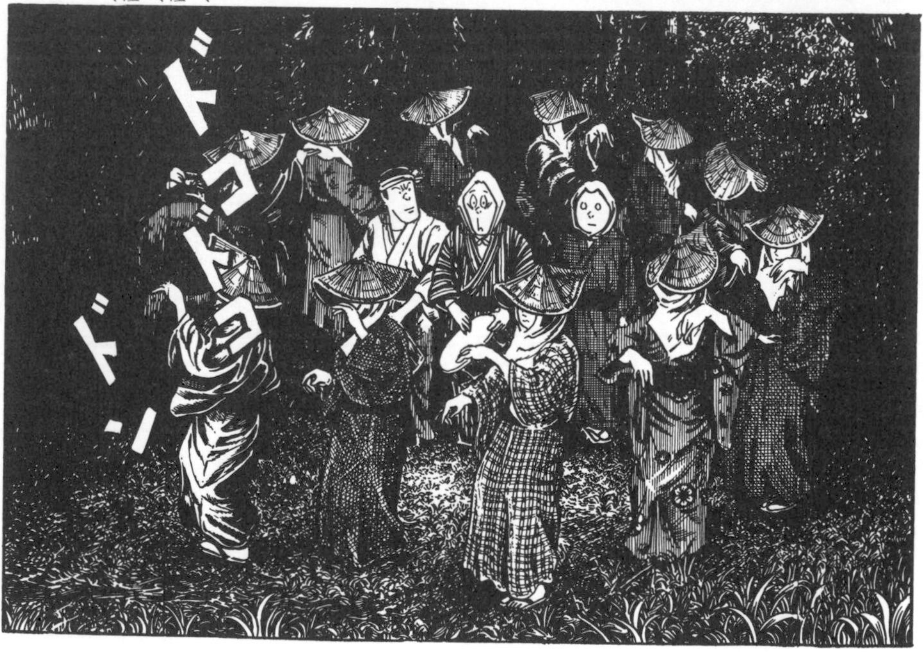

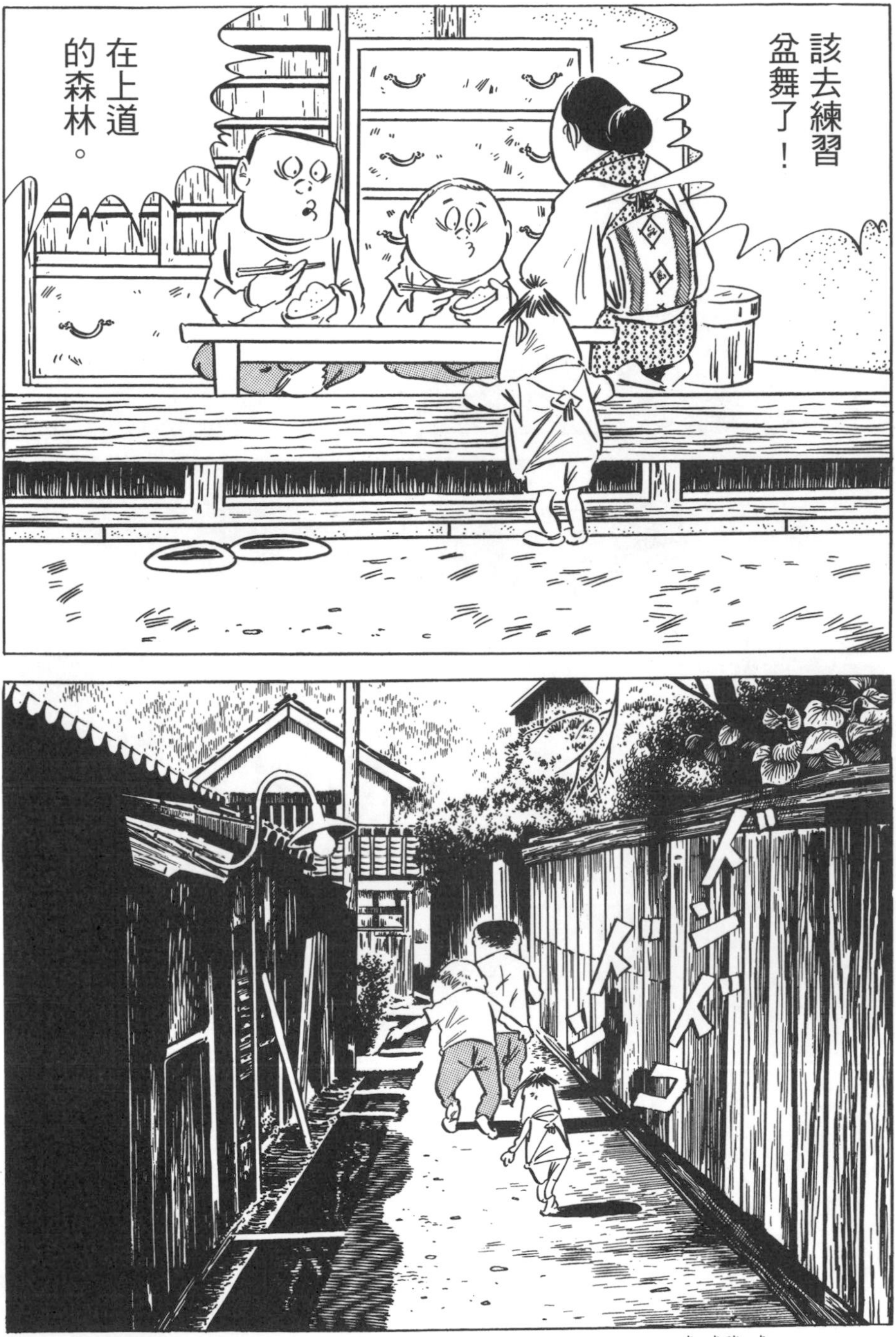
該去練習盆舞了！
在上道的森林。

*咚咚隆咚

啊，你們來得正好。
嗯？
呆愣……
？
儂儂婆只剩一口氣了！

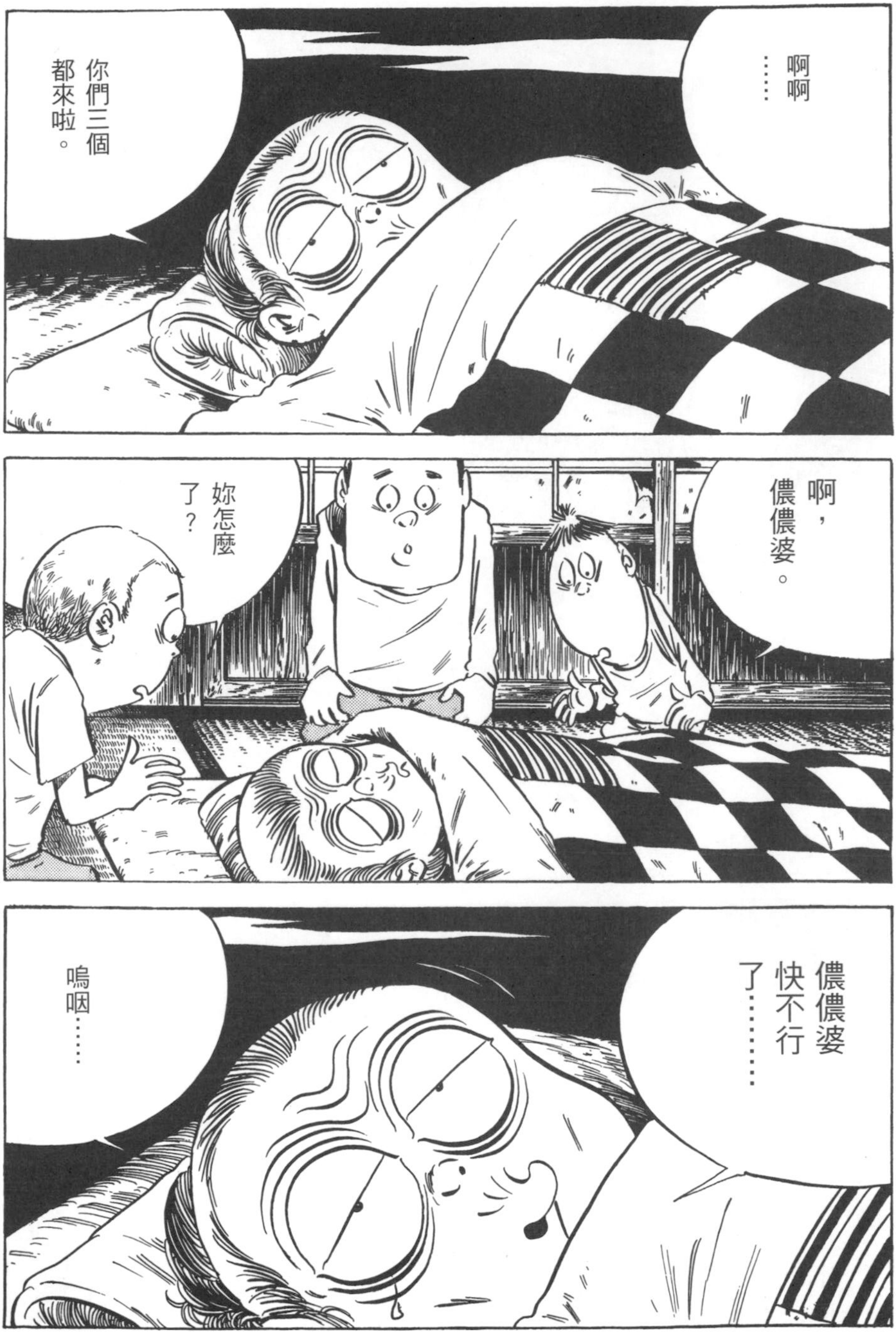
啊啊……
你們三個都來啦。
啊，儂儂婆。
妳怎麼了？
儂儂婆快不行了……
嗚咽……

我會在九泉之下守護你們的。
…………
好了，你們回去吧。

儂儂婆是得了肺結核而死的。
所以媽才叫我們別去找儂儂婆——
嗯，因為肺病會傳染呢……
儂儂婆會死掉……
*咚咚隆咚
ドンドコドン
……對，那就是我最後一次
見到儂儂婆……

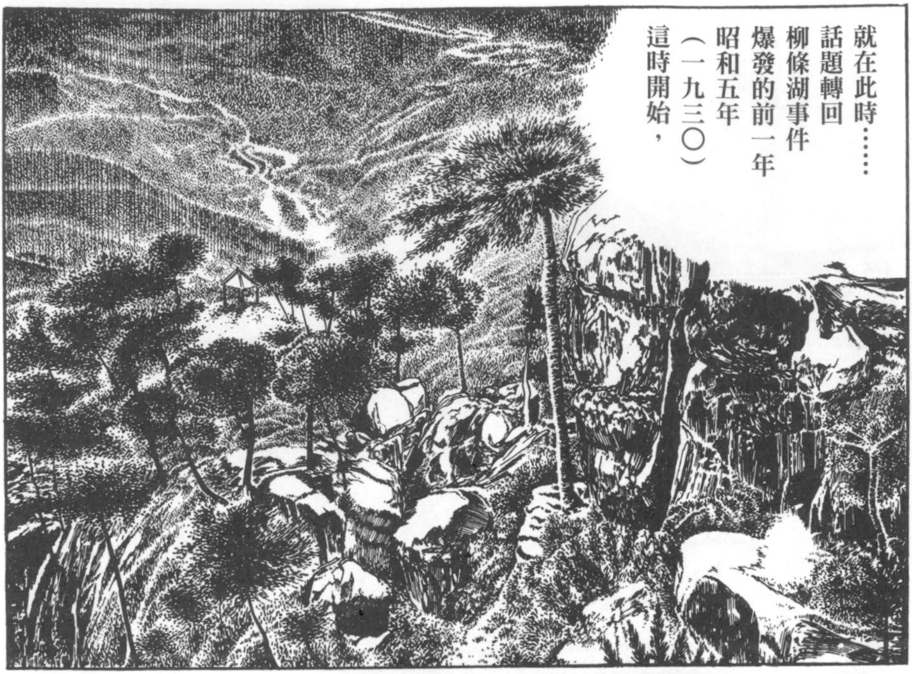
就在此時……話題轉回柳條湖事件爆發的前一年昭和五年（一九三〇）這時開始，

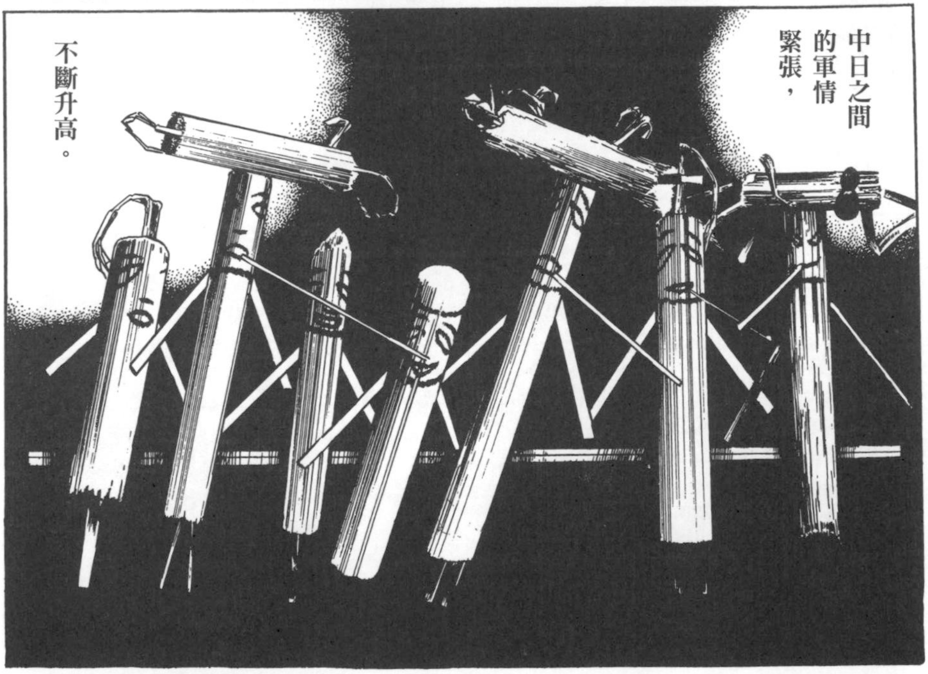
中日之間的軍情緊張，
不斷升高。

為了邁向近代化而採取富國強兵政策的日本，在明治四十三年（一九一〇）併吞了朝鮮——
即為所謂的日韓併合。
（圖為當時北澤樂天的諷刺漫畫）

日本
以朝鮮半島
作為墊腳石，
暗中計劃
進軍大陸。

朝鮮的人們
因此被迫陷入
接二連三的
悲劇之中。

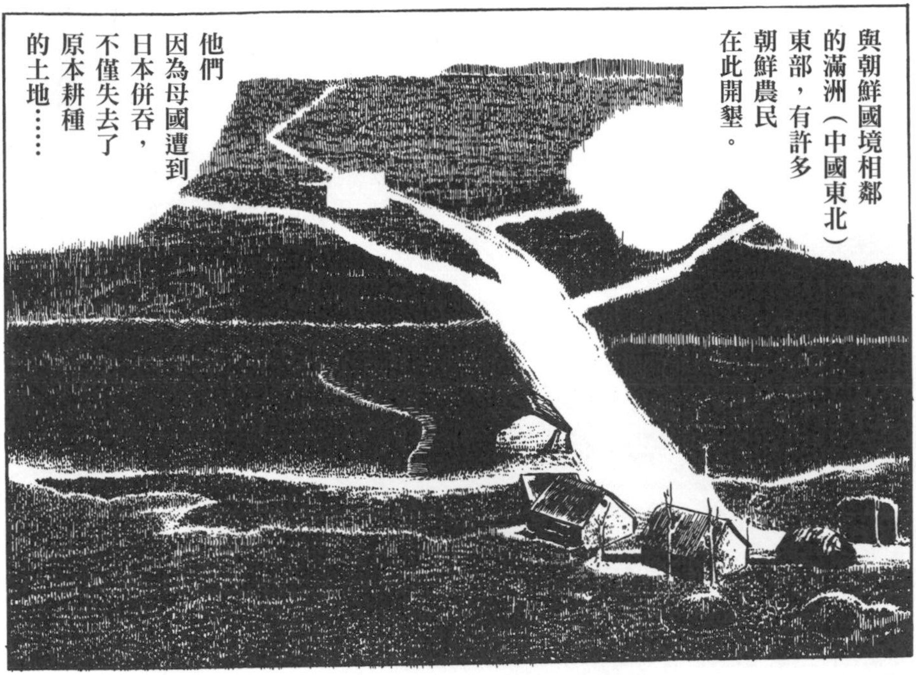
與朝鮮國境相鄰的滿洲（中國東北）東部，有許多朝鮮農民在此開墾。
他們因為母國遭到日本併吞，不僅失去了原本耕種的土地……

還被當作日本侵略中國的先鋒……

在滿洲人的村落——
日本人似乎打算把土地所有權和治外法權交給朝鮮的開墾者。
豈有此理，這裡可是我們祖先代代耕種過來的土地。
對啊，對啊。
說來都是日本人不好。
沒錯，沒錯。

另一方面，隨著深受中國共產黨影響的反日組織不斷擴張，
即使是朝鮮人，投身反日運動的人也層出不窮。

在這種情勢下，
朝鮮人在昭和五年
（一九三〇）五月
發起暴動，
到了秋天更
擴散至各地。
然而這場發生
在中國境內的暴動，
卻是由害怕共產
勢力入侵的
中國政府所鎮壓……

在這種結構之下，
問題變得相當棘手，
也得以從中一窺
歷史錯綜複雜的面貌
受到日本侵略之後，
不管朝鮮人
或中國人
都深受其害；
而在朝鮮人移入
開墾之下，
中國人又再次
受到迫害。
反日組織的
朝鮮人
雖然發起
反日暴動，
卻遭到
中國鎮壓。

在加害者和被害者
的交錯混亂之下，
人民只能不斷為
「歷史的惡意」
所苦。

將日本、中國、
朝鮮之間的
複雜關係
燒至沸點的，
則是
萬寶山
事件。

第3章　萬寶山事件

大家好，這裡是位於長春西北三十公里處的萬寶山——
自古以來，朝鮮人便在此地開墾種稻。
萬寶山開墾地雖然開始興建全新的灌溉水路，
卻因為水路用地等爭議，
使得彼此相鄰的中國農民和朝鮮開墾者之間爆發了衝突……

這發生在昭和六年（一九三一）七月。
當朝鮮開墾者正在截流築壩時，
中國警察也為此出動，逮捕了其中十人。
只要中止灌溉工程，就放你們一馬。
這種事辦不到。
要是缺水，就無法耕田種地了。這就像是在爭奪水源一樣……
日本也派出警官來保護開墾者。

我們該如何是好！
中國人們
本來就吃不飽了，如果連水源都被奪走的話，是要逼死我們嗎？
總之要讓他們中止灌溉工程。
對呀，對呀。
客商
殷家

＊哇—哇—

ウウー
ウウ
七月，數百名中國人為了阻止灌溉工程而大舉襲來，釀成一股騷動。
相對之下，日本方面則是……
派出了配有機關槍的警官隊。

＊砰磅、磅磅—

中國人也
拿起了槍桿，
因而
演變成
一場
槍戰。
ドドド
ズドド
所幸最後沒有
出現死傷者，
但這場對立抗爭
也延燒到了
朝鮮的身上。

仁川、京城（首爾）、元山、新義州、平壤等，各地華僑都接連遭到襲擊，共有一〇九名中國人喪命。
うわっ
うわっ

＊哇—哇—

這背後看得出有人正在利用日本、中國、朝鮮間複雜的民族情感。萬寶山事件中雖然沒有出現死傷者，卻好像有許多朝鮮開墾者慘遭殺害一樣……
うわっ
うわっ

這種「假情報」一一流向各大報紙，而這些「報導」則在朝鮮引發了反中暴動。「情報」操作實在太可怕了。
而且不管是出自什麼原因，由朝鮮人所發動的集體騷動，
往往都會遭到嚴厲鎮壓，然而這場暴動卻有好一陣子
在毫無管制之下持續發酵。
在這種情況之下，對「中國人的蠻橫行徑」施加報復的聲浪也逐漸高漲。九月十八日晚間——
在柳條湖響起了爆炸聲。

＊噠噠噠噠噠

昭和六年（一九三一），奉天（瀋陽）遭到佔領。關東軍開始朝東方的吉林和齊哈爾出兵。
ダダダダダダダダダダ

＊砰砰砰砰砰

＊轟隆——

在齊齊哈爾，雖然有四萬名※馬占山軍在嫩江一帶布陣，
ドカーン
ドドドドドド
ドカーン

※「馬占山」（一八八五～一九五〇）……馬賊出身的中國軍人。曾參與滿洲事變與日軍交戰，日後又從日軍，擔任滿洲國軍政部總長。隨後又再次投入抗日戰爭。

十一月十八日早上，馬占山軍終於開始敗退。
當時即使在日本，馬占山的名號也十分響亮。
而從後追擊的則是多門中將！他只要在《少年俱樂部》中登場，孩童們就會為此興奮不已。
嗚哇，帥呆了！
第二師團（師團長・多門二郎中將）雖然展開追擊，但不僅兵力不足，夜裡更得面對零下二十度的酷寒，因此陷入苦戰。

＊腳步聲

十一月十九日
佔領齊齊哈爾，
哈爾濱沒多久
便遭到佔領。
ザッ
ザッ
ザッ
ザッ
此時人在北京
的滿洲之霸
※張學良，
聽完事變報告
大吃一驚。
他將旗下
的直屬軍隊
調往錦州。

※「張學良」（一九〇一～二〇〇一）……中國軍人。奉天軍閥張作霖的長男。在滿洲事變中和日軍作戰，日後以西安事件促成國共合作，卻也因此遭蔣介石軟禁，長達50餘年。

＊砰隆——

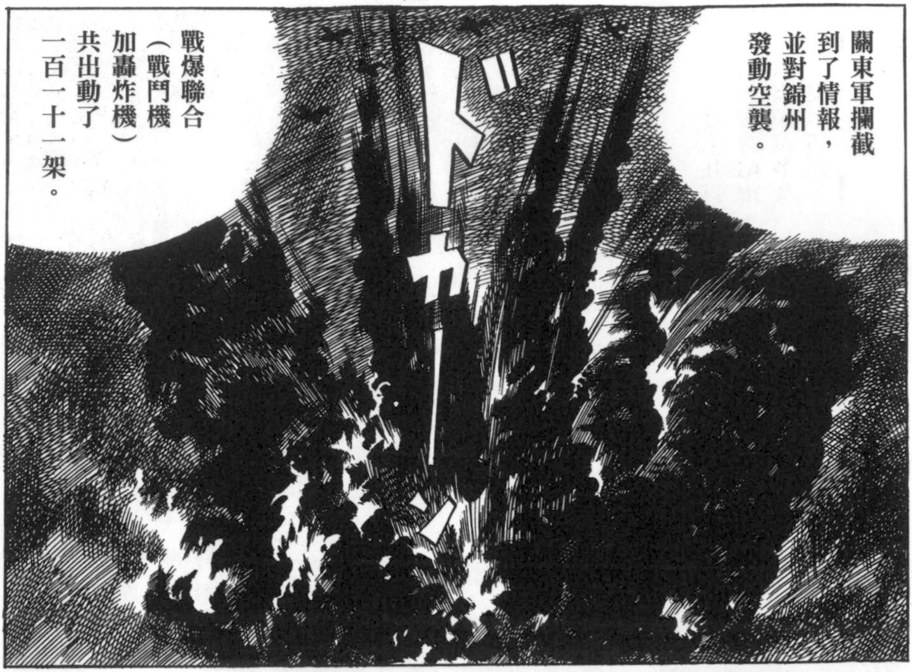
關東軍攔截到了情報，並對錦州發動空襲。
ドカーン
戰爆聯合（戰鬥機加轟炸機）共出動了一百一十一架。

十二月二十六日，張學良軍以裝甲列車來增強兵力。
ガタン
ゴトン
ガタン
ゴトン

＊喀隆、叩隆、喀隆、叩隆

日軍雖然兵臨城下，兩萬名張學良軍卻在守備陣地中按兵不動。
就軍隊數目來說，是張學良軍佔了上風。
日軍還在死撐呢。
看來似乎是在等關東軍的大軍到來。
大軍！……
我知道了……
就算在此地與日軍認真一戰，也沒什麼意義。

將日軍的暴行公諸於世，選擇不抵抗儘速撤退，
保留我軍兵力，才是上上策。
立刻撤退！
遵命！
日軍在翌年七年（一九三二）一月三日進入錦州。如此一來，面積足足是日本二・五倍的滿洲，在短短三個月內就落入了關東軍的手中。
ザッ
ザッ
ザッ

第4章 饑神

＊萬歲——萬歲——

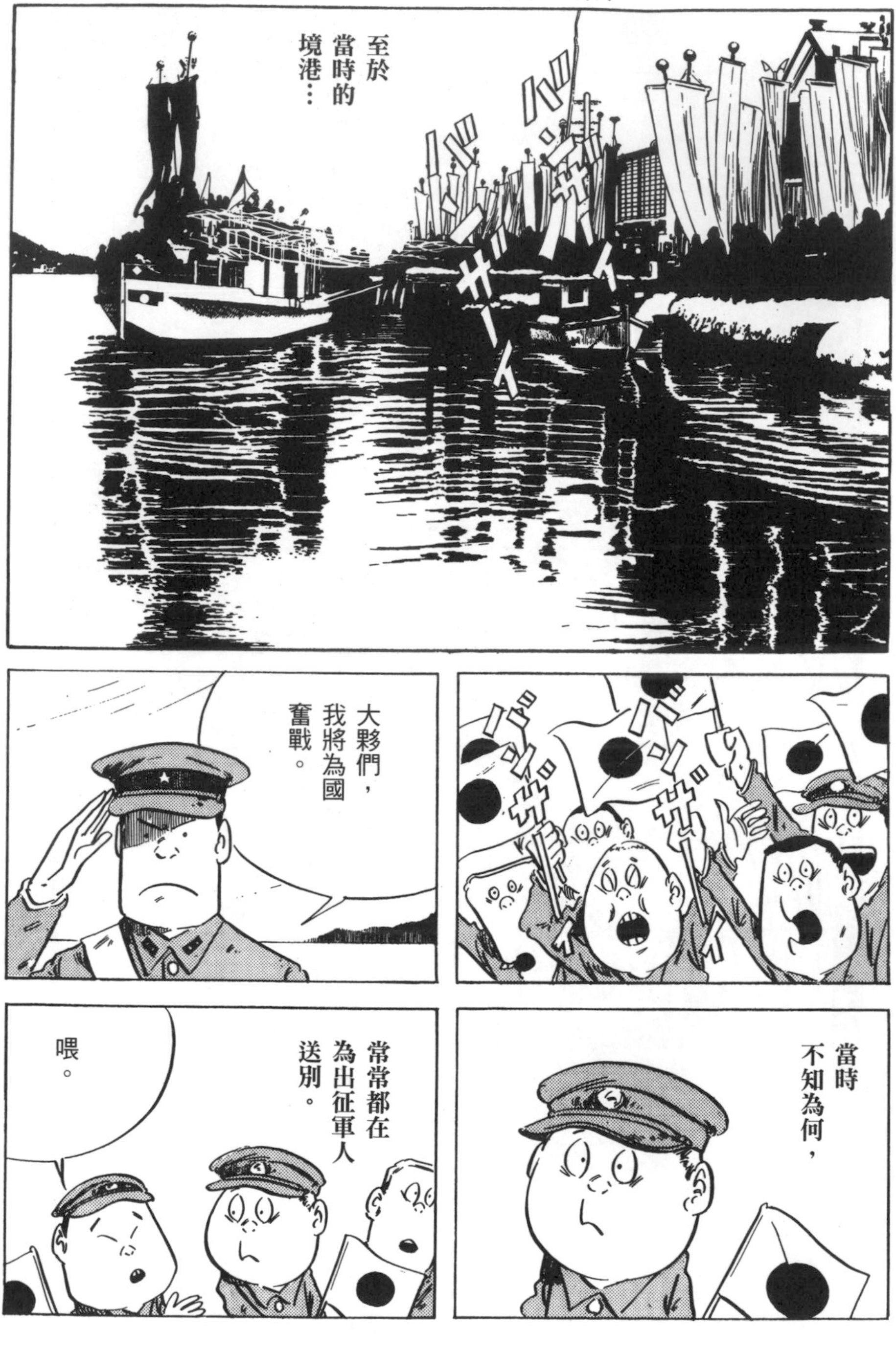
至於當時的境港…
大夥們，我將為國奮戰。
當時不知為何，
常常都在為出征軍人送別。
喂。

＊萬歲——萬歲——

幹嘛，貓仔小安。
我找到了一個有很多報紙的地方。
那就去看看吧。
嗯，就是那邊的垃圾場。
我當時正在收集各大報紙的名字。
也就是將報紙的報頭剪下來，好比朝日新聞、每日新聞等，黏到剪貼簿上。

貓仔小安，我已經收集到五百個報頭囉。
五百！
太強了，不愧是我所崇拜的偶像。
不過，在那時這種收集報頭的熱潮早就過了。
就算過了熱潮仍然埋首其中正是我的特長……
收集報頭自然不在話下，我還曾沉迷在紙相撲中，親手做出兩百名力士，讓他們彼此對戰，列出排名，
甚至持續了兩、三年之久。
此外，因為「奪取人口」的關係，我還對世界各地的人口感到異常著迷。

當時有一種叫「奪取人口」的遊戲。
玩家依序喊出金澤、仙台等，將各大都市歸為己有。
再從地理書籍中調查各地人口，由人口最多的那一方獲勝。
真有趣
耶
嘿
而這也是等到快要退燒時，我才一頭栽了進去，
一發不可收拾地，我不僅將日本全國都市的人口牢記在心，甚至還把目標轉往全世界，
終於整理成世界人口表一書。
*哇——
而且數量還高達三冊之多。
うわ〜ん
貓仔小安，這是？

蒼蠅好多。
哦哦，居然有《台北新報》真少見。
這是怎樣，上頭根本灑滿了醬油嘛。
哦哦，這可是《日蘭經濟新聞》，由巴達維亞刊行。
這可稀奇了！
這個咖啡色的玩意兒是什麼？
就是大便囉。
貓仔小安，你找東西的地方實在太髒了，換個地點吧。
嗯⋯
話說，

舔仔那傢伙居然敢揍我，
幫我教訓他一下。
好，只要揍他就行了吧？
嗯。
幫我重重揍他一拳。
沒問題。
喂，我請你吃麻糬吧。
名物餅
漬
太好吃了。
我最喜歡吃麻糬了。
ムシャムシャ
嘻嘻嘻嘻。
ムシャムシャ

＊嚼嚼嚼

當然了，舔仔隔天在學校就此沒來由地挨了一拳。
*叩隆
那陣子，我喜歡在週日漫無目的地散步…
身上當然不會帶便當。
哇，真好吃。
偶爾偷摘別人家的柿乾來吃。

荒山野外
不但有妖怪，
溪流裡
也有河童，
說不定哪天
能與它們
相遇，
我如此
期待著。

河童呀…
※米子當時
正好在舉辦一場油畫展。
對了，去米子瞧瞧吧。
雖然身無分文，仍然徒步走了長達三十公里的路程……
在回途中，肚子實在餓得受不了了。
奇怪？
這下糟了。

※「米子」……鳥取縣西部的工商業中心。

＊頭暈目眩

＊碰咚

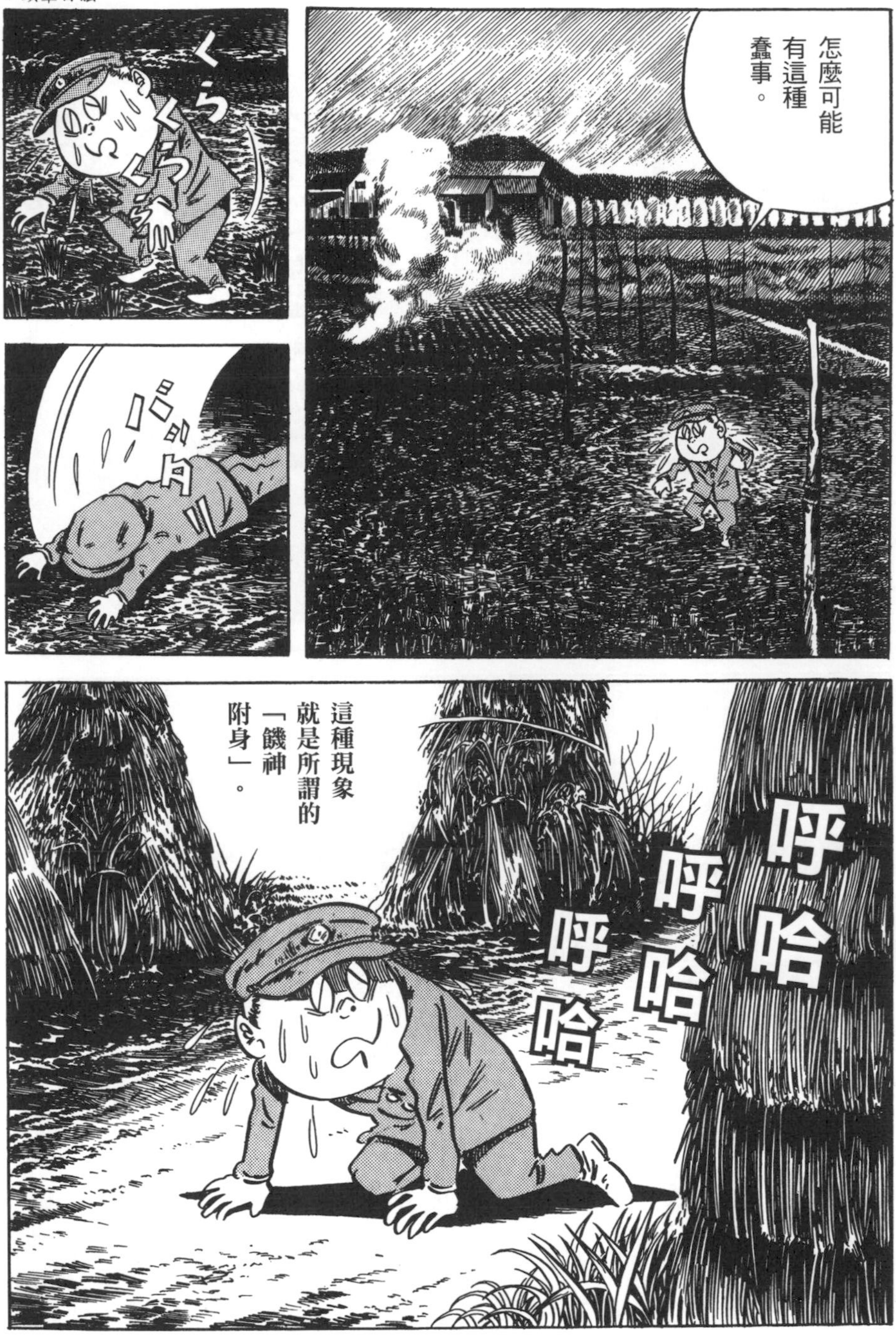
怎麼可能有這種蠢事。
くらくらくら
這種現象就是所謂的「饑神附身」。
呼哈
呼哈
呼哈

*喘氣
總之就是沒來由地覺得不舒服。
差點以為自己就要死了，
還好旁邊正曬著稻穗，就拿來果腹了……
不可置信的是，三十分鐘後我就重新振作，打道回府了。
為什麼會發生這種事呢……
我有好一陣子都對此大惑不解。

直到日後讀了
※柳田國男的著作，
知道有「饑神」
這種妖怪，
我這才大吃一驚。

＊籔——

換言之，便是
遭到餓死者的
靈魂所附身，
因此陷入
短暫的痛苦，
這實在
太恐怖了。
カ

※「柳田國男」（一八七五～一九六二）……民俗學者。致力於研究民間習俗和鄉野傳奇，被尊稱為日本民俗學之父。著有《遠野物語》等書。

因為我老是在幹這種事，
所以早上都很睏，往往爬不起來。
一開始是由家中兄弟叫我起床，
但過了一年還不行，終於放棄了。
最後甚至拜託鄰家小孩來叫我起床，仍然沒用。
我都在九點起床，慢慢地吃早餐。
你還真悠哉呀。
等我到學校，數學課都已經上完了……
可見我有多麼喜歡睡覺這檔事……
境商業補習學校
境尋常高等小学校
とぼとぼ
*昂首闊步

第5章 上海事變

在過完年後，中日軍事衝突開始往南延燒。昭和七年（一九三二）一月二十八日，爆發了上海事變。

據說為了轉移國際輿論的焦點，
板垣征四郎等關東軍參謀在幕後策劃了整齣的劇本。
板垣大佐

在上海事變中，流傳著兩則「神話」……
ギッ ギッ ギーッ
隨著即將進入真正的戰爭時代，
ギッ ギッ ギーッ
某種形式上這也反映出了
國民所懷抱的鬱抑情緒。

*咿呀、咿呀、咿——呀

第一個「神話」是，
上海事變的女主角，
「東洋的瑪塔哈莉」川島芳子
在其中扮演了關鍵角色。
瑪塔哈莉是
在第一次世界大戰中
擔任德國間諜，
以巴黎為舞台
暗中活躍的美女。

作為國籍
不明的
混血美女，
她一邊
擔任舞孃、
高級娼婦，
一邊遊走於
上流社會。

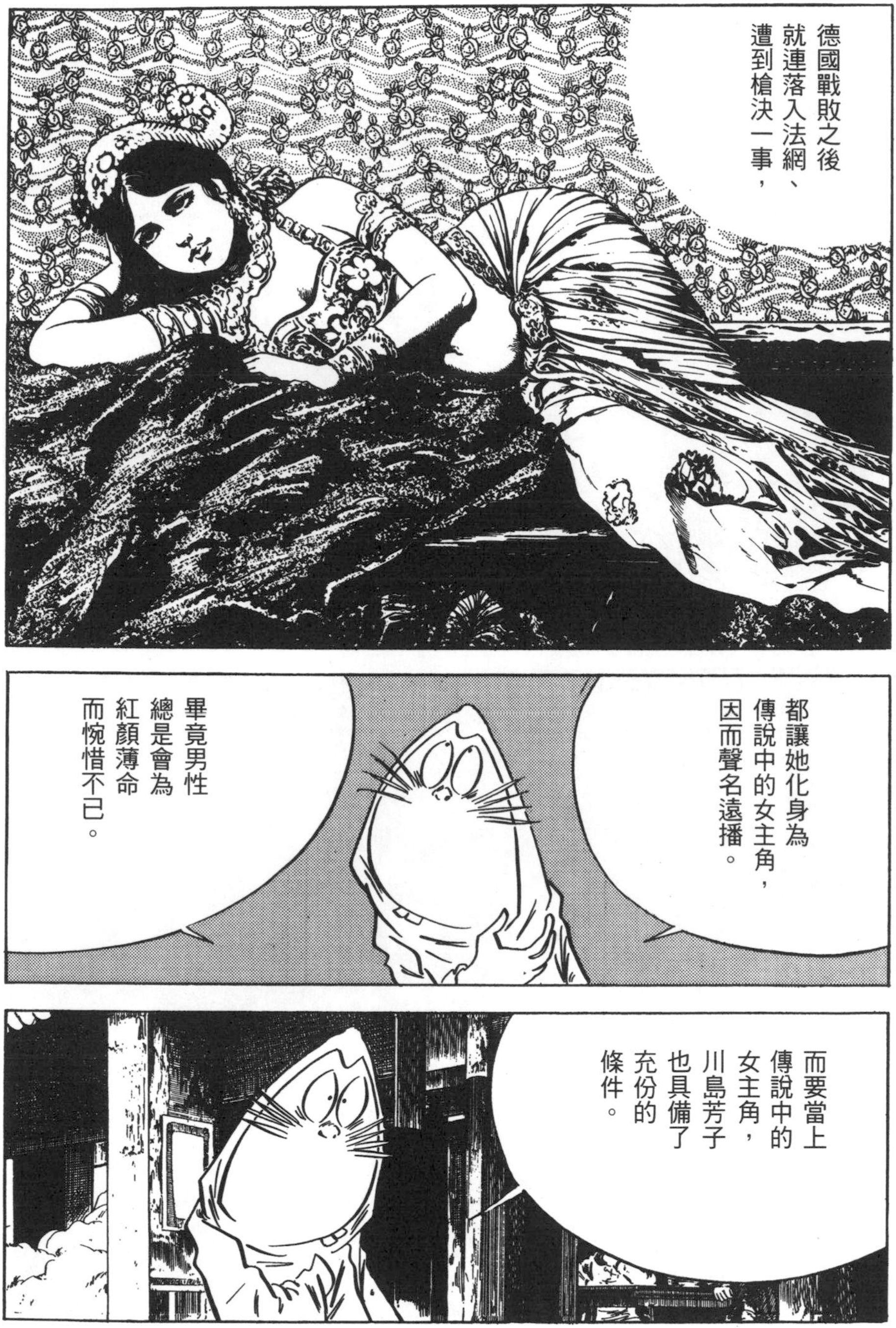
德國戰敗之後
就連落入法網、
遭到槍決一事，
都讓她化身為
傳說中的女主角，
因而聲名遠播。
畢竟男性
總是會為
紅顏薄命
而惋惜不已。
而要當上
傳說中的
女主角，
川島芳子
也具備了
充份的
條件。

本名為金璧輝，其身份是清朝王族肅清王之女，被大陸浪人川島浪速收為養女。

她自幼便在日本接受教育，長大後開始替養父辦事。

昭和六年（一九三一），
當日後的滿洲國初代皇帝、
也是清朝最後一任皇帝
溥儀（宣統帝）
打算逃出天津時，
她便女扮男裝地隨侍在側。

出身不凡、
美貌過人，
她在女扮男裝
之下大為活躍，
具備了成為
女主角的
所有條件。

※田中啊。
是。
板垣征四郎
田中隆吉
你能以兩萬在上海發動事變嗎？
事變？
好將焦點從滿洲身上轉移。
再這樣下去，難得到手的滿洲就大事不妙了。
是，我知道了。

※「田中隆吉」（一八九三～一九七二）……陸軍少將。作為日本二戰將軍之一，戰後卻以證人身份出席東京審判，提出不利於日本的證言，因此被稱為「日本的猶大」。

板垣其實並沒有特別喜歡打仗……
他日後雖然升任陸軍大臣，卻始終反對擴大戰事。
他在陸軍之中是所謂的「滿洲派」人士。
握有兩萬元（相當於現在的三億日圓）的田中，在中、日雙方都很吃得開，並利用川島芳子來收集情報。

田中長官，騷動就交給我來辦吧
……悉窣悉窣
於是，上海爆發了一場騷動……
他們雇用中國無賴……
煽動群眾攻擊日本人，
好從中得到出兵的藉口，這就是當時的計劃。

昭和七年
一月十八日，
日本僧侶
在馬玉山路遇擊，
數日之後死亡。
以此為契機，
位於上海的
日中雙方開始
摩擦不斷。

別無他法之下，
只好出動駐紮
在上海的
海軍陸戰隊，

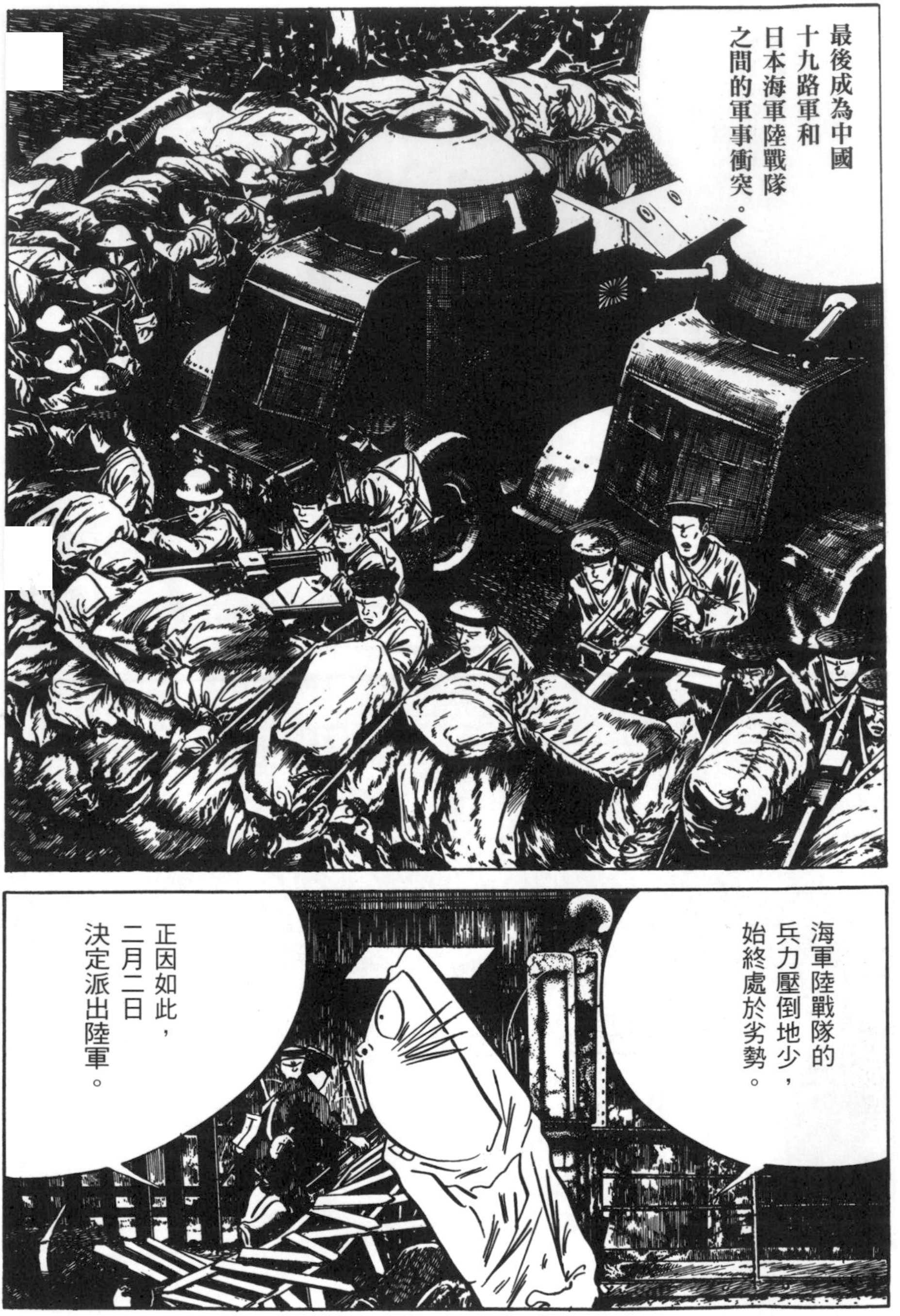
最後成為中國
十九路軍和
日本海軍陸戰隊
之間的軍事衝突。
海軍陸戰隊的
兵力壓倒地少，
始終處於劣勢。
正因如此，
二月二日
決定派出陸軍。

即使此時，政府內部仍然有人不希望擴大紛爭……
但還是擋不住氣勢如虹的軍方。
ズドーン
*砰——
二月二十日，展開總攻擊。
而在這場總攻擊中，上海事變的第二則「神話」也從此寫下……
ズド
那就是「肉彈三勇士」的神話。

中國的十九路軍
不僅裝備精良，
士氣也十分高昂。
肉彈三勇士

＊鏘鋃鏘鋃

作為中國
精銳部隊，
他們當時
頑強抵抗，
形成一場激戰。

*噠噠噠噠
ザッ ザッ ザッ ザッ
沒辦法了，只好在竹筒裡裝滿炸藥，用來突破鐵絲網。
*砰砰砰砰
上啊！
ダダダダ

＊砰隆——

＊哇啊——

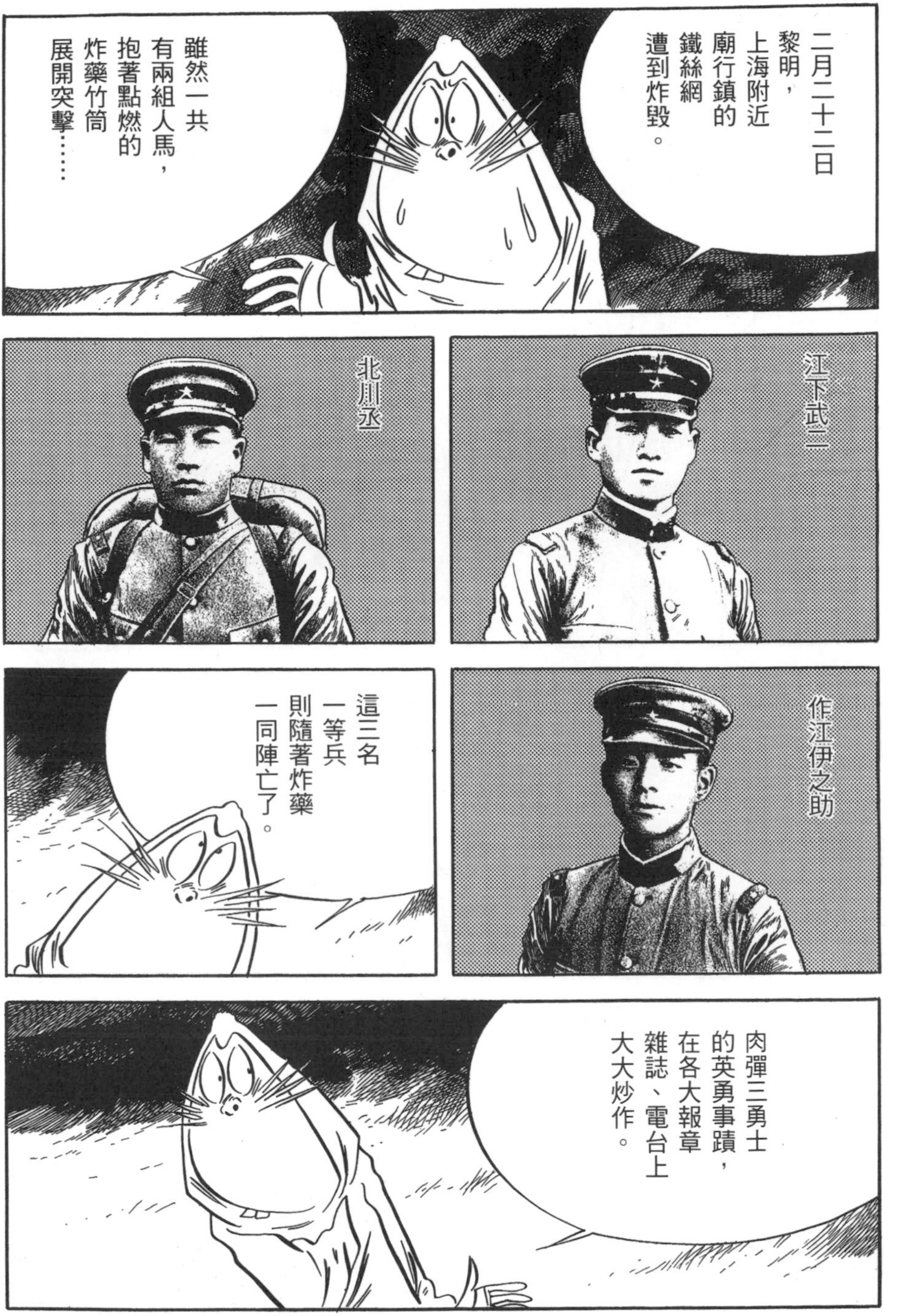

二月二十二日黎明，上海附近廟行鎮的鐵絲網遭到炸毀。
雖然一共有兩組人馬，抱著點燃的炸藥竹筒展開突擊……
江下武二
北川丞
作江伊之助
這三名一等兵則隨著炸藥一同陣亡了。
肉彈三勇士的英勇事蹟，在各大報章雜誌、電台上大大炒作。

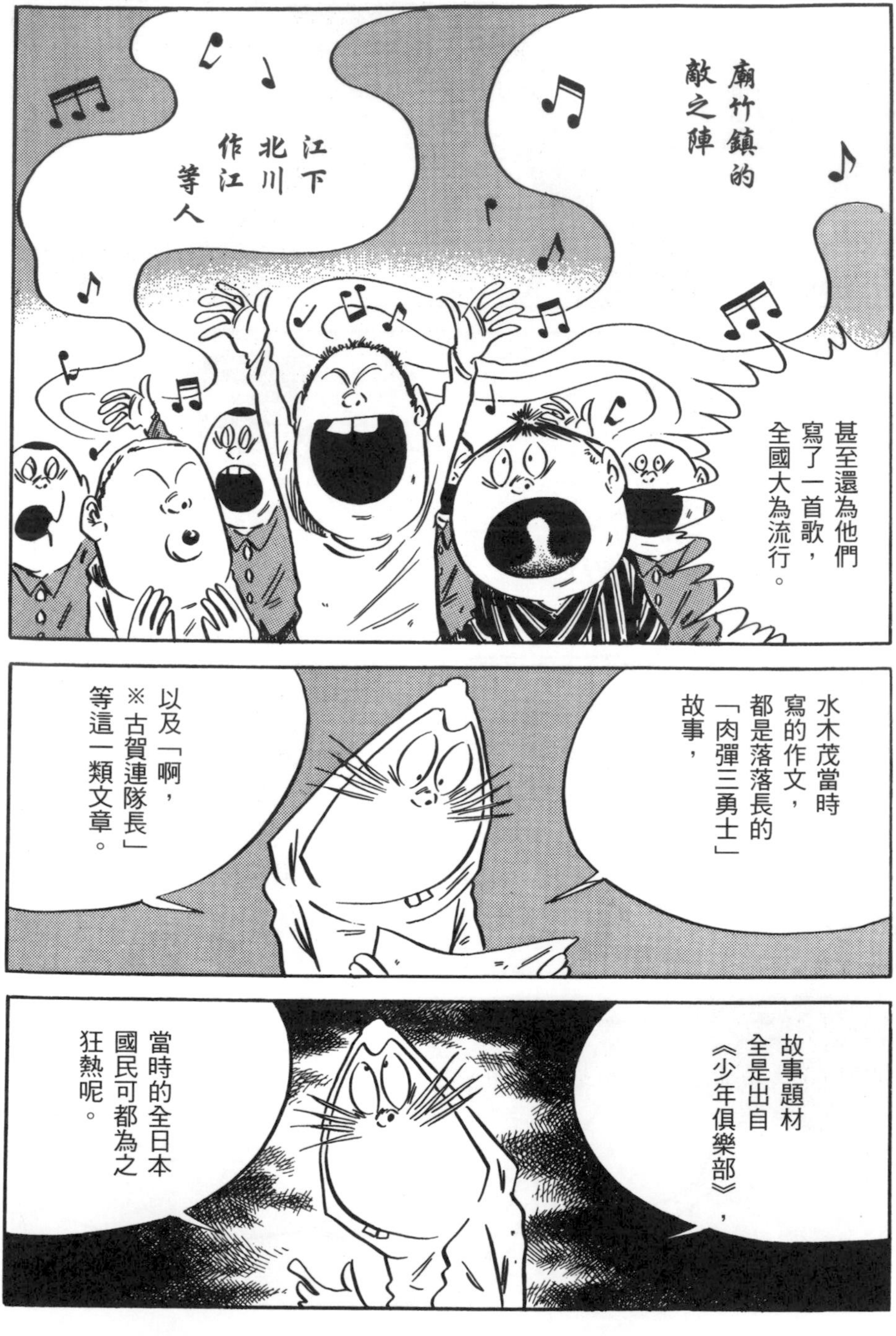
甚至還為他們寫了一首歌，全國大為流行。
廟竹鎮的敵之陣
江下北川作江等人
水木茂當時寫的作文，都是落落長的「肉彈三勇士」故事，
以及「啊，※古賀連隊長」等這一類文章。
故事題材全是出自《少年俱樂部》，
當時的全日本國民可都為之狂熱呢。

※「古賀傳太郎」（一八八〇～一九三二）……騎兵第二十七連隊長。參與滿洲事變，於錦州與大軍激戰中陣亡。

根據當時現場的證言，下令的長官曾表示，
只要將炸藥的導火線定為一公尺的話，不僅能炸破鐵絲網，
還能安全歸陣。但因為導火線不小心設成了五十公分，也就是只剩下一半的長度，
三人才會落得不幸身亡的悲慘下場。他們當時都以為能在爆破後平安歸來……
事實上，跟肉彈三勇士同時衝鋒的另一組人馬，的確在爆炸後全員平安歸來。

當時，陸軍高層正在尋找適合當作「新軍神」的題材。
嗯——
就將這場「意外」說成軍國美談，
令國民為之狂熱吧。
相傳便是由此而來……

＊萬歲——

三月三日，戰鬥終於劃下句點，並於五月簽署了停戰協定。

不過就在三月一日，上海事變背後的真正目的，滿洲國就此成立——

昭和二十年（一九四五）八月，日本戰敗之下，滿洲國的大義名份姑且不論，
滿洲國實為日本為了侵略大陸而操控的傀儡國一事，才終於公諸於世。

在日本敗北那一年（昭和二十年），十一月川島芳子在北京遭中國軍逮捕，並被判處死刑。
昭和二十三年（一九四八）三月二十五日遭到槍決。

第6章 南方之島

哇哈哈哈哈哈
從剛才就不斷在狂笑的，
正是我們家的辰司爺爺。
這裡是南洋爪哇島巴達維亞（即現在的雅加達）的印刷工廠。

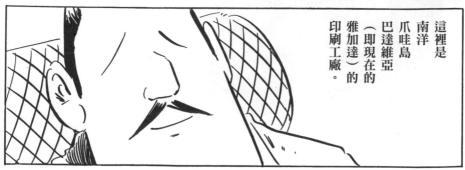

辰司爺爺開了一間印刷公司，大獲成功。
哈哈哈哈。
小弟，倒杯咖啡給我。
接下來要不要經營旅館呢……
哇哈哈哈哈哈哈。
真是豪情萬丈。

好啦，就從日本大招人手吧。

這裡是大阪。
喂，彥一。
河
仁丹

啊，叔叔。
我正在找你。
我老爸在南洋大獲成功了……
是喔……做哪一行呢？
開印刷公司。
他現在急需十個人手，你也一起去吧。
這樣正好，我這才因為破產而傷透腦筋。那叔叔你呢……
我不行。

老爸說我對金錢太粗心了，要多吃點苦頭才行。
是喔，連一毛錢都不給叔叔……
因為老爸跟我不一樣，做人十分嚴格。
那我就前往巴達維亞了……
我應該遲早也會過去吧
叔叔，我先去巴達維亞等你。
就像這樣，我啊
就是沒辦法享福…

來看場電影，轉換一下心情吧。

至於鳥取縣的鄉下這邊呢……

聽說米子居然有賣一種叫作甜甜圈的玩意兒。
甜、甜，甜甜圈？
別這麼大聲！
ゴン
＊叩隆
據說非常好吃喔。
好吃！
長什麼樣子呢？
像這樣圓圓的。
圓的！

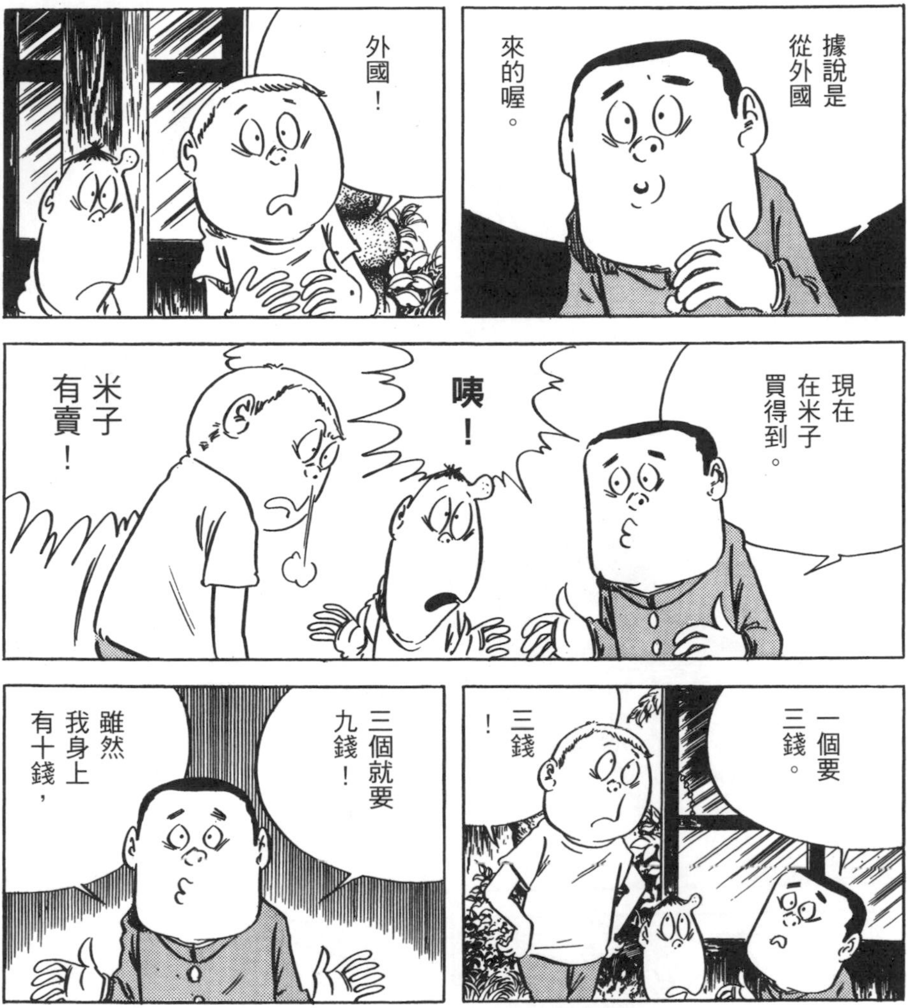
據說是從外國來的喔。
外國！
現在在米子買得到。
咦！
米子有賣！
一個要三錢。
三錢！
三個就要九錢！
雖然我身上有十錢，
可是如果搭火車的話，就吃不起了。
用走的！

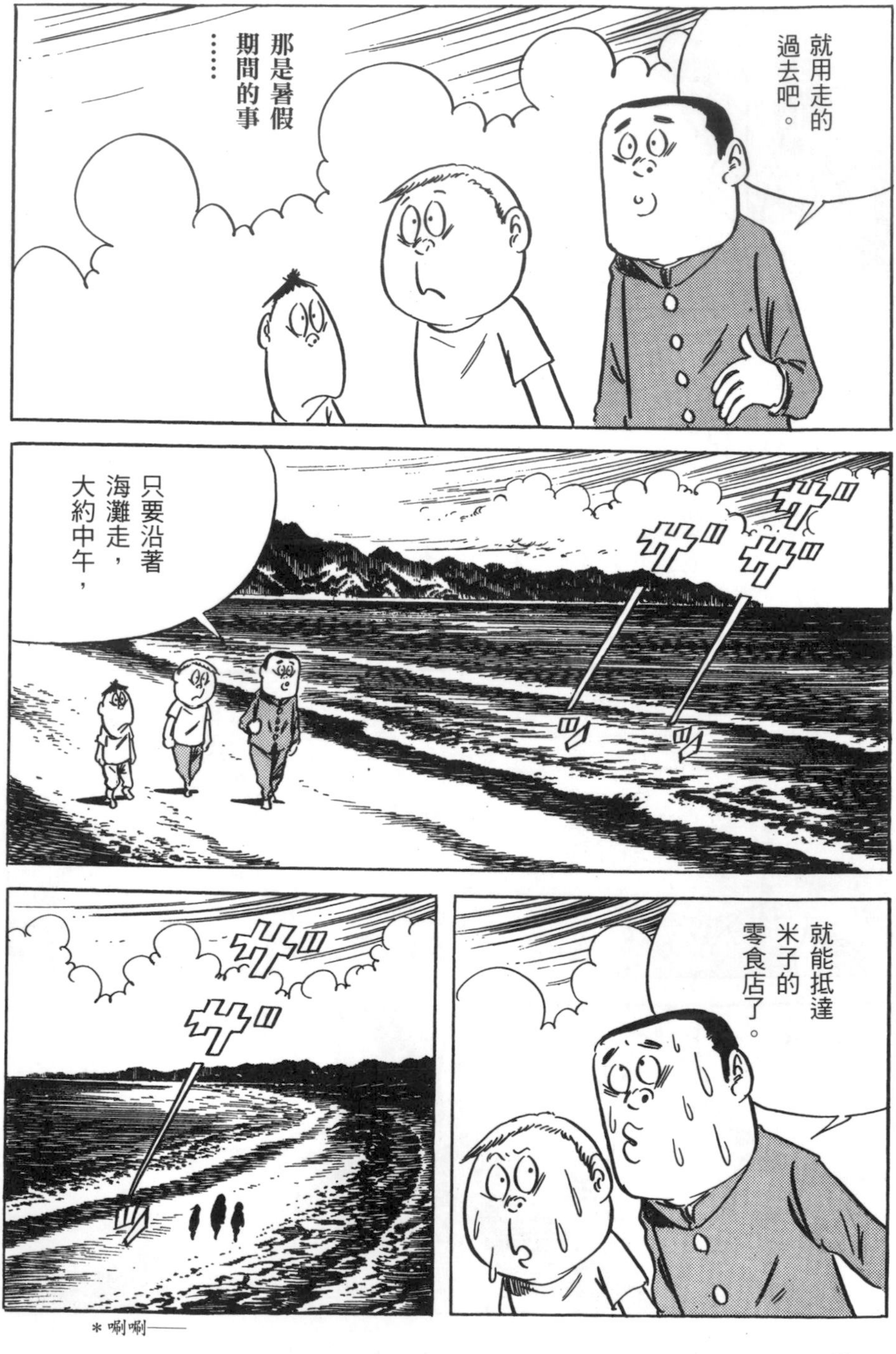
就用走的過去吧。
那是暑假期間的事……
只要沿著海灘走，大約中午，
就能抵達米子的零食店了。

＊唰唰——唰——

＊唰唰——

＊吁—吁—吁—

＊吁—吁—

＊叩隆

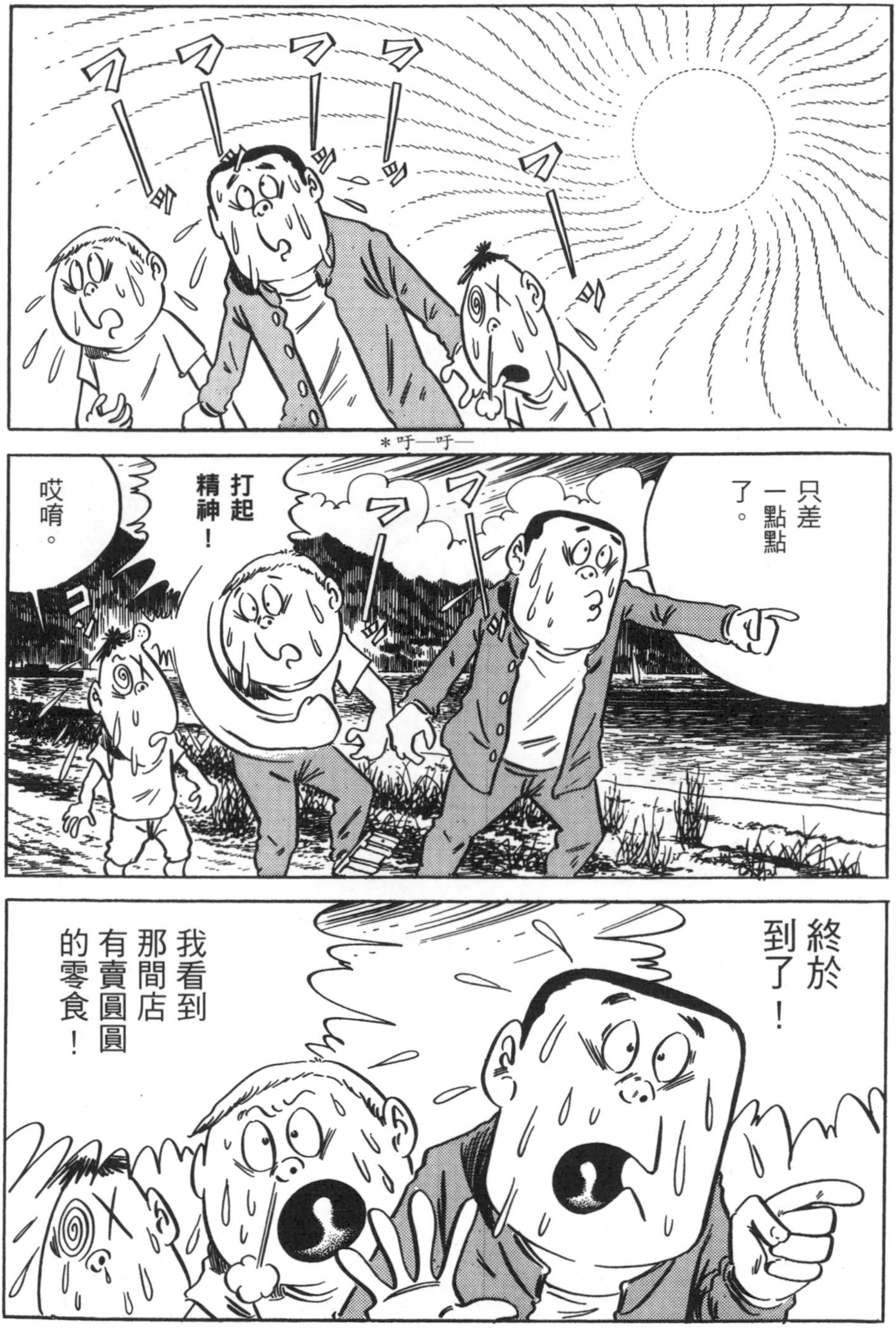

只差一點點了。
打起精神！
哎唷。
終於到了！
我看到那間店有賣圓圓的零食！

只為了吃個甜甜圈，三人沿著海灘在大太陽下足足走了二十公里。
我們要三個甜、甜甜圈！
哇嗚，這就是甜甜圈！
不吃不喝地一路走來，終於在店裡買到甜甜圈時，心中實在感激萬分。
可見甜甜圈在當時有多麼罕見。
太好吃了！

該怎麼說呢，只為了區區甜甜圈，就在海灘上來回走了四十公里。
這份努力、或者該說是貪吃程度，對現在的小孩來說肯定無法想像。
實在令人大吃一驚。
而※《野良犬黑吉》也在此時大為流行……
哇，野良犬黑吉升為上等兵囉！
讓我瞧瞧。
哎呀！
＊叩隆

※《野良犬黑吉》……漫畫家田河水泡在《少年俱樂部》上連載的熱門漫畫。故事敘述主角黑吉在加入名為猛犬連隊的軍隊後，不畏失敗、一路晉升。

※《冒險彈吉》也很有趣喔。
這個角色本來是酋長呢。
啃齧公這隻老鼠很好玩唷。
不過還是野良犬黑吉最棒了。
說什麼傻話，再怎麼說，最棒的都是戰爭故事！

※《冒險彈吉》……漫畫家島田啟三在《少年俱樂部》上連載的熱門漫畫。故事敘述漂流到南方島嶼的日本少年彈吉，與夥伴老鼠啃齧公一路冒險，最後建立王國。

＊叩隆

第7章 滿洲國成立

明治時代以來，日本便將在亞洲建設殖民地一事視為重要課題，可是亞洲諸國早就已經成為
西方列強的口中肥肉了。
而日本也在此高舉一面正義的大旗，
那就是由真正的亞洲人來推動亞洲發展。說到底，要在中國東北的滿洲之地，
打造一個以日本人為中心的殖民地，好作為日本進軍大陸的據點，這種想法其實老早就存在了。

不過等得到
進入昭和時代，
才終於將其
付諸實行，
並以滿洲事變
為契機，一舉
具體化起來。

昭和六年
（一九三一）
九月二十二日，
石原莞爾等
關東軍首腦在
奉天召開會議。

接著來商討該如何解決滿蒙問題。
首先，以清國廢帝溥儀（宣統帝）作為神主牌，
在溥儀的祖先之地滿洲，建立五族協和的獨立國家。
石原中佐的提案雖然很棒，但誰要去徵求政府和軍方司令的許可呢？
那是不可能成功的。

交給我吧。
板垣大佐，沒問題嗎？
就像這樣，事情進展得很快。
中國的清朝原本是由滿族在一六四四年
取代明朝，在北京建立的王朝。
換言之，清朝的皇帝是「滿洲人」。

透過一九一一年
秋天辛亥革命
的成功，
由成立於
一九一二年
一月一日的
中華民國取代為止，

約三百年以來，
中國始終由
清朝所統治。
淪為廢帝的
溥儀如今在
天津日本租界
附近遭到軟禁，
心中懷抱著
復興之志。

以此作為名義，
於滿族故土建立五族（滿族、漢族、蒙古族、朝鮮族、日本族）協和的「王道樂土」。
不賴吧，這可是東洋人的夢想國度。
如此一來就不會被視為侵略，得以迴避國際輿論。
就這麼辦吧。

皇帝本人又該怎麼辦呢？
沒錯，不把他帶到這裡可不行。
溥儀的潛逃作戰，就交給※土肥原賢二大佐、
前憲兵大尉甘粕，如何？
就這麼辦吧。
萬事拜託了。
前憲兵大尉甘粕曾經趁著關東大地震一片混亂時，
在東京殺害了無政府主義者大杉榮等人。

※「土肥原賢二」（一八八三～一九四八）……陸軍大將。有「帝國陸軍頭號中國通」之稱，參與策劃滿洲事變。在戰後的東京審判中被定為甲級戰犯。

他因這起事件
被判處十年徒刑，
卻在兩年後
獲得假釋，
此後化為大陸浪人
暗中活躍。

十一月八日，
土肥原等人
在天津
發起暴動，
迫使軍方
出面鎮壓，

趁這場騷動
成功救出了
溥儀。

接著到了
昭和七年
（一九三二）
……

事情不得了了。
幹出了這麼大的事情，美國可不會袖手旁觀……
你是說上海事變嗎……
沒錯。
不用白操心了，政府裡多的是能人智士。

你在說我傻嗎……
我不是這個意思。不過報紙上有寫到，舊清朝的高層人士都順利地齊聚一堂，
並在二月十七日組成了「東北行政委員會」。
這種事情我也知道。
三月一日，
溥儀登基為帝，就此建立了滿洲國。
這個我也很清楚。

國旗是象徵五族的五色旗。
首都定於長春（新京）。
你講的都是報紙上所寫的東西。
噯，你先下吧。
パチ
＊啪嗒
我來烤個米菓吧。
我比較想喝酒。
酒……
隔壁的老爺子今天又在下圍棋了。

就拿這個箱子……
來做成吉他吧。
＊鏘鏘鏘鏘
＊哈哈哈哈哈
我用箱子跟鐵絲自製了吉他。
ビビビビ
小茂有吉他了。
はははははは
我向家人表演了自創的「歌劇」。
故事當然是劍鬥題材囉。
當角色中刀身亡時，

咿呀！
就會如此叫喊聲。
那是因為，
在戲院裡看電影時，
角色中刀的時候雖然不會發聲……
但死的時候一定會出聲。
這是我個人的理論。
哎，
咿！
啊！
哞！
因為加入了這些死前的聲音，
得以打造出一齣相當寫實的時代劇。
還滿不錯的嘛。
就連回來過年的父親都讚不絕口，
不過我還是死都不肯讀書。
嘿嘿嘿嘿

這裡則是父親工作的大阪。
父親的舅舅，也就是祖母的哥哥……
他在大阪梅田開了一間很大的印刷工廠。
父親便在這裡借住，到保險公司上班。
舅舅。
喔，是亮一啊。

坐吧。
我父親在爪哇的生意很成功…
笨蛋，那是因為我幫他出了不少錢。
啊，是這樣的嗎。
你父親雖然很能幹，但你就不行了。
別什麼事都仰賴他人，要自己想辦法振作。
是，我知道。
只當個老實人是不行的。

就連德川家康也說過……
是，我懂。最近世間好像很動盪不安。
都是滿洲事變害的。
如果不阻止軍方的獨斷獨行，日本就要完蛋了。
都是軍方內部的激進派和右翼運動家不好。
最近不是常常發生暗殺要人和政變未遂這類事情嗎？
沒錯。
舅舅，你對右翼的事情很清楚吧？

沒錯，日本右翼的源頭可回溯到明治時代。當時的右翼主張替因明治維新而成立的大日本帝國打好基礎，
並守護日本免於歐美帝國主義的侵略所害。為了達成這個目的，亞洲諸國非得各自獨立，聯手抵禦外侮不可…
啊，舅舅。
怎麼了？
這說起來好像會拖得很長…
蠢蛋！
我是好心教你，你說這是什麼話？
是。

就如你所知，他們雖然曾經幫助過中國國民黨的孫文，
日後則對印度獨立運動家鮑斯出手相助……
但這些行為的背後都是出自此類思想。
喔……
可是對盲目狂熱的右翼思想而言，比起亞洲諸國的獨立和聯手，
反倒淪為以日本國家利益為最優先的排他性民族主義。
舅舅，我想上廁所……
蠢蛋，在講這種重要話題的時候，哪有人跑去上廁所。

是。
那些為了東北農村慘狀而憤慨不已的青年將校，他們的起義非但沒有救到東北農村，
反而害得全亞洲的農村都被軍靴所踐踏。
右翼付出了自己和別人的性命作為代價，結果反倒被歷史玩弄於股掌之間。
不好意思。
快給我去上廁所！
不管是任何事情，人們都得認真面對才行。
知道了。

＊啪噠

昭和六年（一九三一）三月初，由佐官、尉官級年輕軍人所組成的團體※櫻會，籌劃了一場政變。
即為所謂的三月事件。
最後雖然沒有付諸實行，但當時不僅沒有對外公佈任何真相，
就連計劃的存在本身都被掩蓋了起來。
直到日本敗戰、撤銷言論管制之前，一般大眾對此都毫無所知。

※「櫻會」……由陸軍革新派將校組成的團體，於昭和五年（一九三〇）成立，以橋本欣五郎陸軍中佐為核心人物。為了改造國家，策劃三月事件、十月事件等政變行動。

計劃是由右翼思想家※大川周明和櫻會所擬定。按照盤算，三月二十日將動員右翼團體和工會，
發動上萬人規模的國會抗爭，並炸毀政黨本部和首相官邸，形成首都動亂的狀態。
ドドドドドド
＊砰砰砰砰砰砰

※「大川周明」（一八八六～一九五七）……國家主義者。作為右翼思想的領導者，主張大亞細亞主義。參與在東京審判中以甲級戰犯的身份遭到逮捕，但因精神異常而獲不起訴處分。

此時再由軍隊出面介入，一舉完成政變，原本是如此計劃的。
雖然連左翼的工會也一同捲入的策略相當巧妙，但因為內部高層的權力鬥爭，
使得在付諸實行前就先跌了一跤。當然了，大川周明也參與其中。
三月事件雖然胎死腹中，
但隨著滿洲事變在同年九月爆發，
這次又查到了另一場政變計劃。

十月事件，別名錦旗革命事件。
在滿洲事變爆發初期，政府內部
的現實主義者雖然打算
在事情尚未鬧大之前
就先行解決收場；
但相對的，作為三月事件
的核心成員，櫻會和
大川周明等人
打算藉機
奪權。
記取了
三月事件
的教訓，
這次不僅牢牢掌控了
內部人士的意志，
行動本身也更加直接、
規模更大了。
大川周明

行動部隊
也不只陸軍，
就連部份海軍
也參與其中。
除此之外，
還跟大本教、
工會
互通聲息。

起義行動訂於十月二十四日。
不過陸軍省首腦事先收到消息，在十月十七日出動了憲兵隊。
就像這樣，這場政變也無疾而終。
但以十月事件作為契機，軍方在政府內部的發言權也益發強大，讓滿洲事變只能走上擴大一途。
畢竟軍方跟「一般人」的想法往往天差地遠。
實在太可怕了……

第8章 夏日奇遇

＊ 唧

這時候，我已經小學六年級了。
我最喜歡夏天了。
不但有昆蟲，還可以到海裡游泳，
而且連學校都不用去，

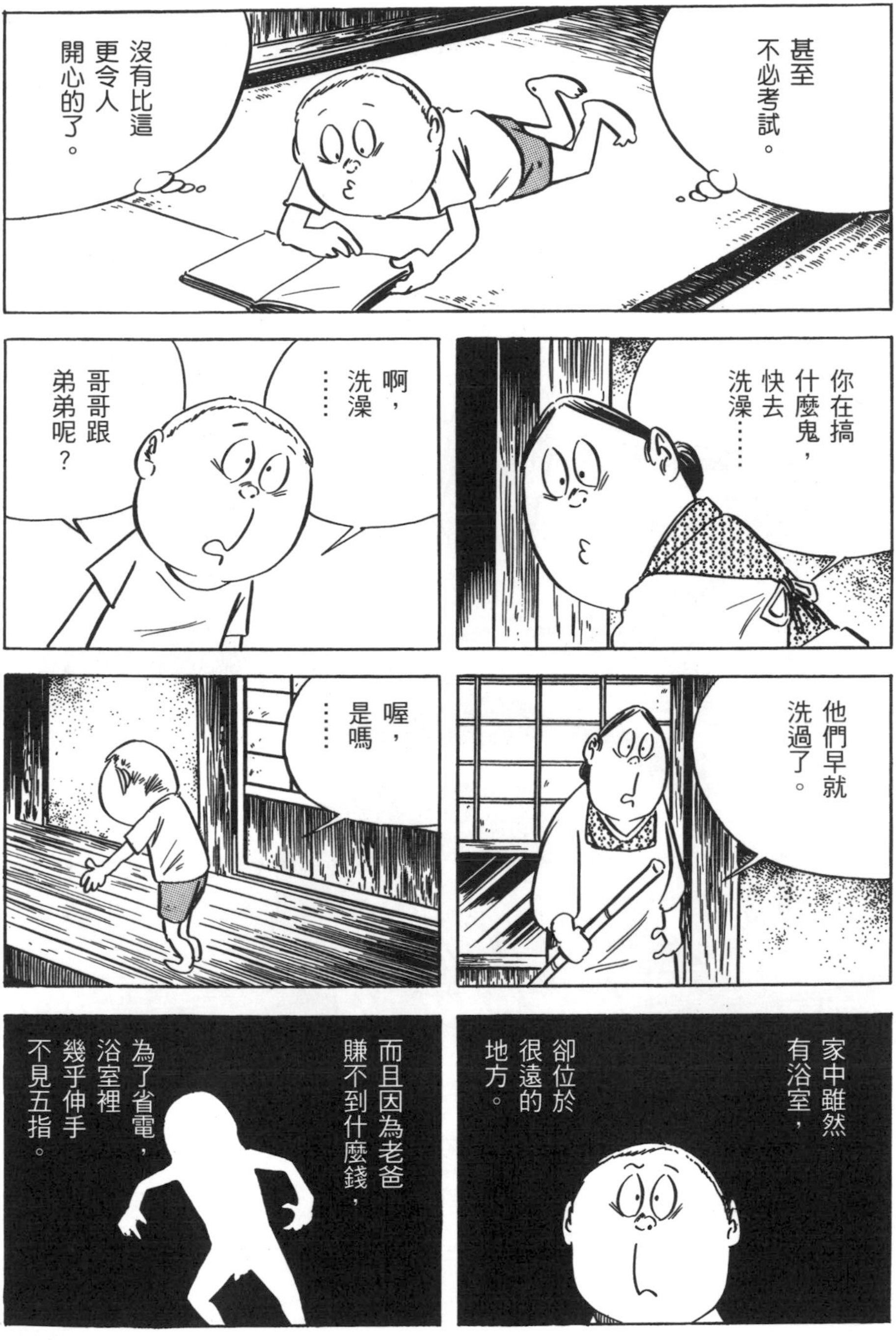
甚至不必考試。
沒有比這更令人開心的了。
你在搞什麼鬼，快去洗澡……
啊，洗澡……
哥哥跟弟弟呢？
他們早就洗過了。
喔，是嗎……
家中雖然有浴室，
卻位於很遠的地方。
而且因為老爸賺不到什麼錢，
為了省電，浴室裡幾乎伸手不見五指。

首先，我察覺到了一種筆墨難以形容的存在感。
換言之，明明沒有半個人，卻感覺好像有誰在一樣……
「怎麼可能有什麼眼睛看不到的東西。」我一直對自己這麼說……
可是我卻感覺到「某種存在」正緩緩逼近……

呼
事實上，「某種東西」真的在緩緩逼近。
雖然我覺得情況不妙，打算起身，卻感受到一股強烈的恐懼！
如果不乖乖待在原地，就「糟糕了」的感覺！
ぶわ
有、有、有什麼在這裡！
*呼哇——

ドターン
*啪噠——
就在此時……
嗚哇——
我不禁浸到了澡盆裡！
快來救救我
我雖然大聲求救，周遭卻始終靜悄悄的。

半信半疑地從澡盆中抬起頭來一看，
眼前已經變得一片漆黑了。
我試著起身，但澡盆居然被浴室門給蓋住了。
似乎是因為浴室的門掉到我頭上了。
我慌張地爬出了浴室，說起這場「大事件」，但每個人都笑我，不肯相信我說的。
哈哈哈
哇哈哈哈哈哈

雖然眼睛看不到，卻彷彿有什麼東西存在，這就是人們恐懼的原因……
就算跟我說什麼東西都沒有，問題也無法獲得解決。
哎呀，故事好像有點離題了……
故事說到這。昭和七年（一九三二）五月十五日傍晚，
發生了五．一五事件！

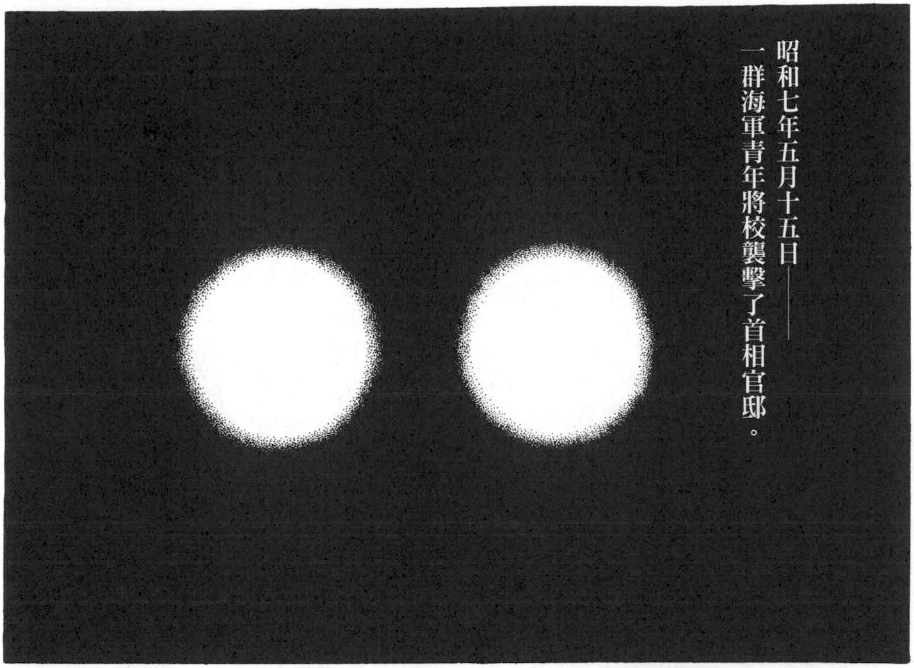
昭和七年五月十五日——
一群海軍青年將校襲擊了首相官邸。

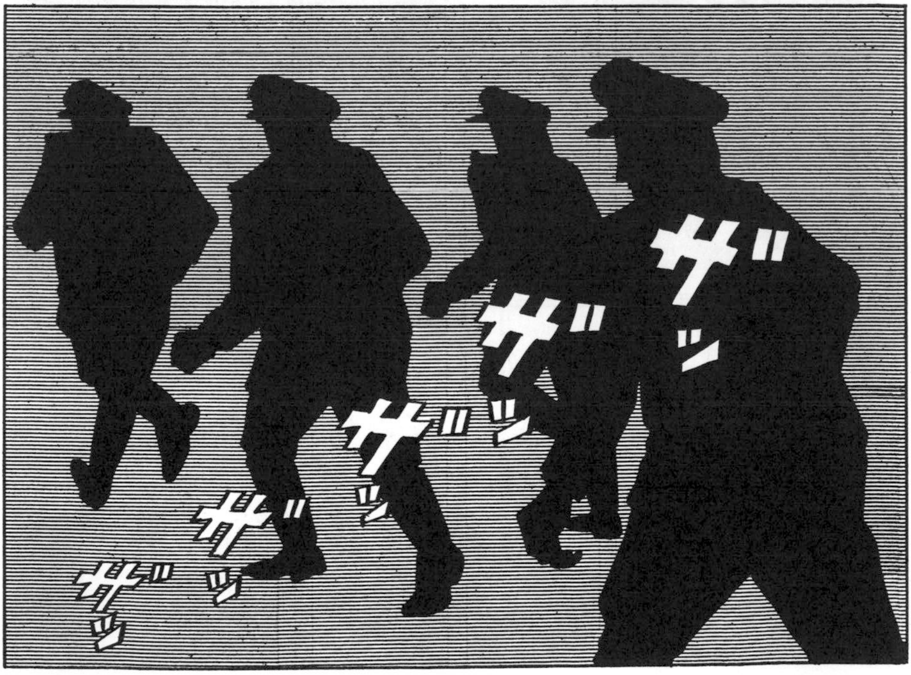
ザッ
ザッ
ザッ
ザッ
ザッ

*噠噠噠

當天傍晚五點半，※犬養毅首相正在官邸跟家人一起用餐。

＊砰—
＊騷動聲
什麼聲音？

※「犬養毅」（一八五五～一九三二）……政治家。第二十九任內閣總理大臣。曾為護憲運動、實現普通選舉而奮鬥。在五．一五事件中遭到暗殺。

＊噠噠噠噠
居然穿鞋闖進人家中，這是怎麼回事！
儘管槍口對準了自己，但犬養人如其名，仍舊表現得十分堅定。
什麼事都可以好好講！
廢話少說！

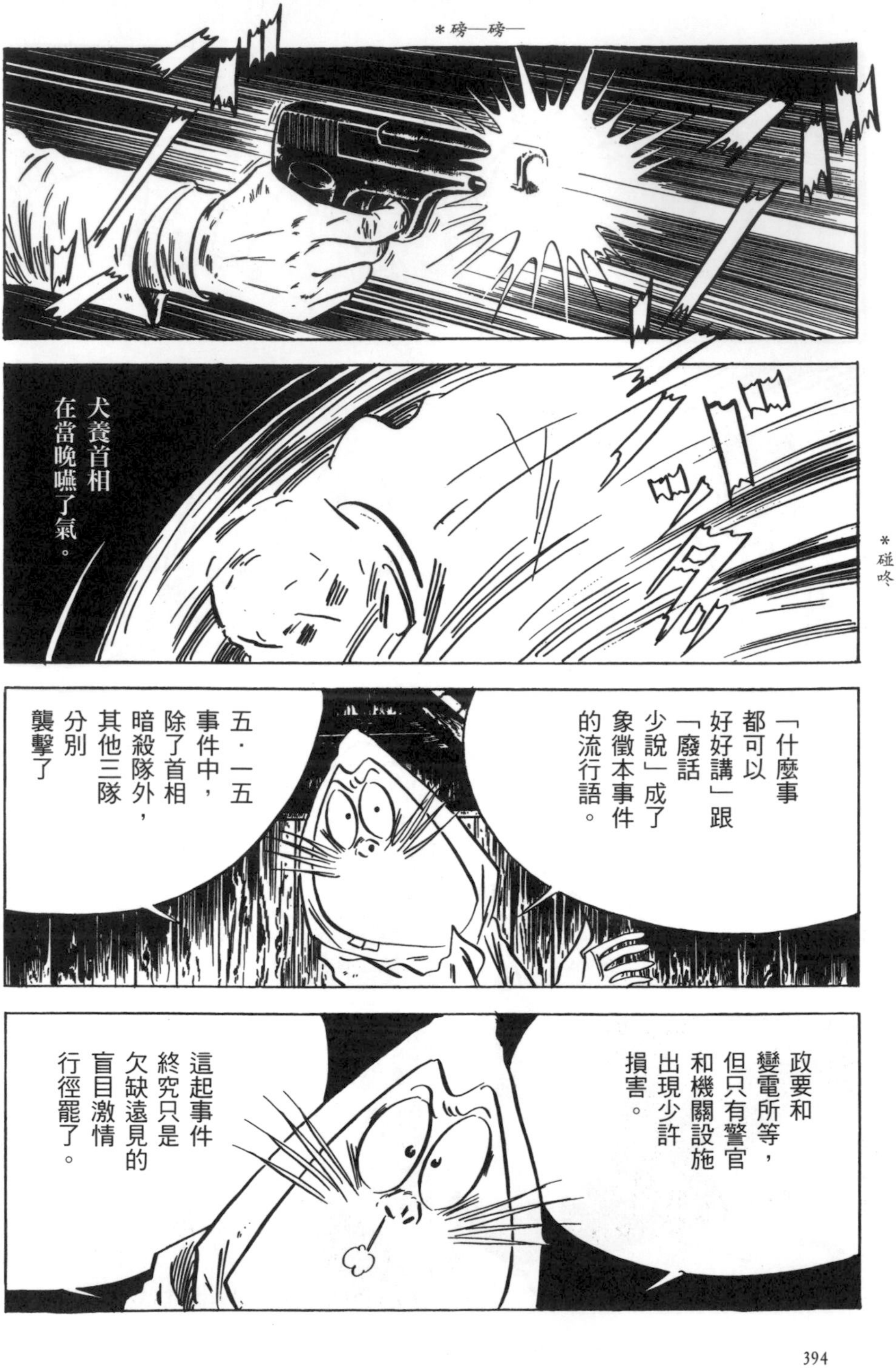
*磅—磅—
*碰咚
犬養首相在當晚嚥了氣。
「什麼事都可以好好講」跟「廢話少說」成了象徵本事件的流行語。
五·一五事件中，除了首相暗殺隊外，其他三隊分別襲擊了
政要和變電所等，但只有警官和機關設施出現少許損害。
這起事件終究只是欠缺遠見的盲目激情行徑罷了。

第9章　三原山

當人們面對超乎
想像的恐怖或驚愕時，
就會無法控制自己的情緒，
毫無理由地放聲大笑
或嚎啕大哭。
若這種現象發生在群體，
就稱為集體歇斯底里。

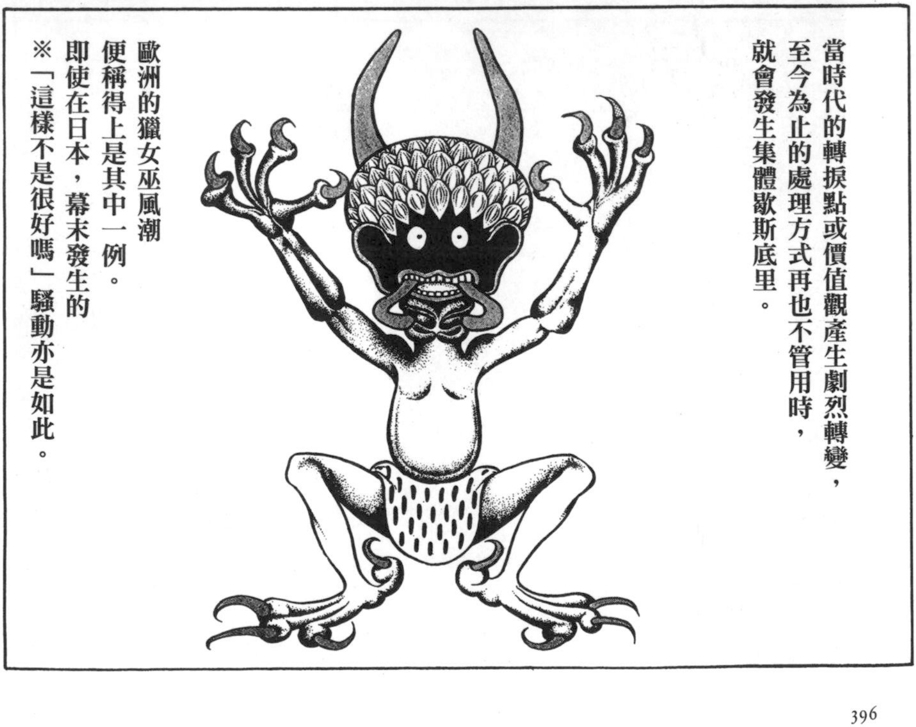
當時代的轉捩點或價值觀產生劇烈轉變，
至今為止的處理方式再也不管用時，
就會發生集體歇斯底里。
歐洲的獵女巫風潮
便稱得上是其中一例。
即使在日本，幕末發生的
※「這樣不是很好嗎」騷動亦是如此。

※「這樣不是很好嗎」（ええじゃないか）……發生於幕末時期（一八六七～一八六八年間）的社會現象。百姓群起放下工作，穿著奇裝異服，一邊高喊著「這樣不是很好嗎，這樣不是很好嗎」，一邊狂舞的群眾騷動。以東海道、畿內為中心擴散至全國。

隨著上海事變、
滿洲國成立、
五．一五事件
接連登場，
充斥著不安和
興奮的氛圍…

在昭和
七、八年間
催生出數起
集體歇斯底里
的現象。

昭和七年（一九三二）五月發生了
坂田山殉情事件，這原本只是一起
不怎麼出奇的殉情事件。
慶應大學學生・調所五郎和
資本家千金・湯山八重子，
因為不受家長認同而始終苦惱不已，
而在大磯坂田山服毒殉情。
問題在於，隨後的事件實在太過離奇。

兩人的遺體雖然一同下葬，墳墓的位置卻被公開，千金的遺體因此不翼而飛。

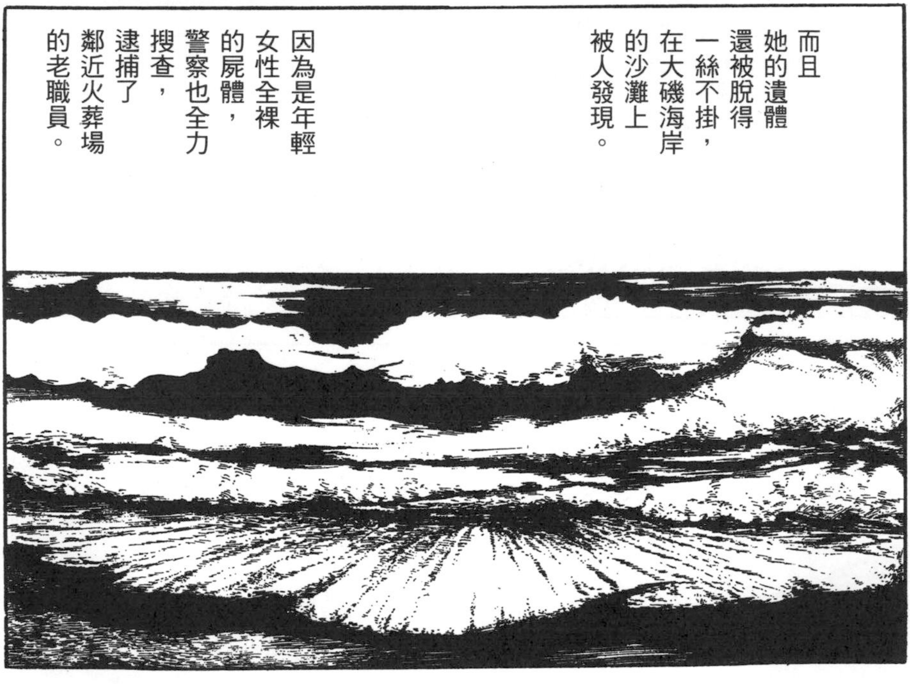
而且她的遺體還被脫得一絲不掛，在大磯海岸的沙灘上被人發現。
因為是年輕女性全裸的屍體，警察也全力搜查，逮捕了鄰近火葬場的老職員。

雖然盜墓的原因是出自變態性慾，但相傳背後跟遺族紛爭脫不了關係，世間都對這起事件感到好奇。
更有甚者…接下來發現女方的遺體還保有處女之身，
便因為純愛而大肆炒作，還拍出了一部以此為題材的電影《結戀天國》。
就連電影主題曲〈兩人之戀是清白的〉也一樣熱賣，
還發生了數十起爭相模仿的殉情事件。

翌年昭和八年
（一九三三）
一月，
大島三原山
發生了一起
殉情事件。
有兩名
實踐女子學校
的學生打算
跳下火山口殉情，
其中一人
雖然一躍而下，

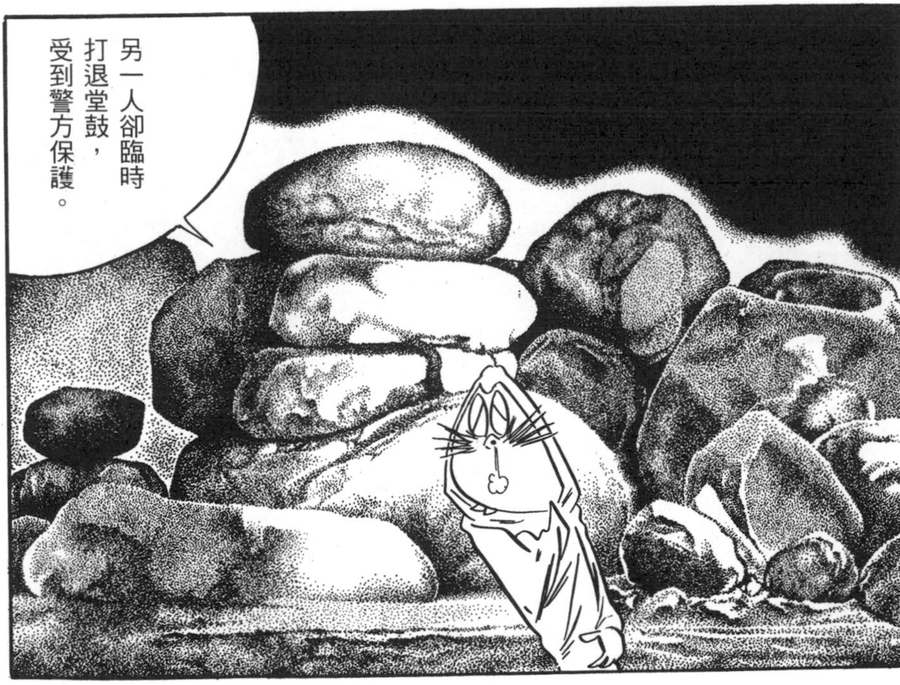
另一人卻臨時
打退堂鼓，
受到警方保護。

對思春期的少女來說，這種事情可說是時而耳聞，並無特別之處。但警方調查之下，
這才發現原來倖存的少女，以前也曾陪友人在此地跳山自殺，因此被稱為「召喚死亡的少女」大肆炒作。

她是死神的使者⋯⋯
不知為何，這種彷彿「死神使者」一般的人物當時層出不窮。我們的小學老師也是如此⋯⋯
那位老師的外號叫「別途氏」，
雖然他為人非常認真老實⋯⋯

但只要話題一扯到三原山，
他就……又開始滔滔不絕了。
喂，他又來了。
大家瞧，這是三原山的火山口…
…這是三原山，大家瞧…自殺者就是在這裡……
時間正一分一秒地逼近。

＊咻——

腳下一步步朝火山口邁進。
終於就要到鬼門關了。
究竟是生是死……死亡的瞬間終於降臨……
他說得簡直比電影辯士還精彩，
就連老師都沉醉在自己的發言中……「別途氏的三原山」在學生之間也相當聞名。

而回到家裡，老媽也成了三原山的粉絲。
跟你們說，三原山的少女跳山輕生時，
居然勾在火山口的岩石上，
用心
向消防員求救喔。
原來如此。

※「帶刀御免」……江戶時代，一般百姓禁止佩刀，只有武士階級可以佩刀。不過擁有特殊家世背景或立下功勞者，則特准佩刀。

我知道。
但現在已經沒落了。
你們什麼都不知道。
連倉庫都有四間之多。
知道啦，妳老是在說一樣的話。
光是今年，三原山就有四個人輕生呢。
先別提三原山了，月底的帳單該怎麼辦？
笨蛋，這次等到下個月再說吧…
討債的可不會等到下個月。

當時受到三原山的影響，※妲蜜雅所唱的〈憂鬱星期天〉，
這首陰鬱的歌曲也大為流行，政府卻擔心會鼓勵自殺而下令禁止販售。
接下來，開始流行溜溜球。
沒隔多久，〈東京音頭〉開始蔚為風潮。
就像這樣，日本全國都陷入一陣狂騷之中……

※「妲蜜雅」（Damia）（一八九二～一九七八）……法國香頌歌手。

＊來跳一下／東京音頭／唷咿唷咿

昭和七年（一九三二）七月三十日，召開了洛杉磯奧運，當時的我四年級——
我不僅同時參加田徑和游泳比賽，還雙料冠軍。
在感慨之中，我提筆寫出一篇名為〈啊啊，奧運〉的作文。
不過因為這篇作文實在寫得太好了，
該不會是你從哪邊抄來的吧？
老師真是太失禮了，完全不認同我的才能。

第10章 脫離國際聯盟

滿洲國明明都成立了，中國究竟在幹什麼？
跟你說呀，中國也不是笨蛋。
與其在戰爭大受損害，不如靠外交……
原來如此。
在爆發滿洲事變之後，中國立刻向※國際聯盟提起控訴。
那日本是怎麼回應的呢？

※「國際聯盟」……簡稱「國聯」，成立於第一次世界大戰後的一九二〇年，是世界上第一個以維護世界和平為其主要任務的跨政府組織。但二戰的爆發，證明國聯無法充份發揮功效，最後於一九四六年解散，改由「聯合國」取代。

相對於指控日本不當侵略的中國，
日本則說，軍事行動不過是為了維持治安，
等到治安恢復就會撤退。
國際聯盟怎麼說呢？
大致上認同日本的主張。
可是在上海事變等各式事變層出不窮之下
別說落幕了，反而鬧得越來越大。
我的老天啊。

國際聯盟也覺得事有蹊蹺。
於是由英國的利頓伯爵擔任團長，
派出一支國際調查團。
利頓調查團在昭和七年（一九三二）二月二十九日抵達東京，之後前往中國各地進行調查。

原來
如此呀。

調查報告在十月二日公佈，根據報告內容，雖然大致認同
日本在軍事和經濟上的立場，卻不認同滿洲國的成立，

日本應該視其為中國的一部份，賦予自治權，並接受國際管理。
事實上，滿洲國始終未能獲得國際承認。直到滿洲國因二戰結束而瓦解為止，除了德國和義大利等日本同盟國，一直未獲承認——
說起來，就是在歷史縫隙中誕生的私生子。
至於日本又是如何呢……
在昭和八年（一九三三）二月二十四日的國際聯盟臨時總會上，

勸告日軍從滿洲撤退的提案，以四十二比一表決通過。（反對者僅日本一國）
勃然大怒的※松岡代表則說……
日本才是對的！
我國要斷然退場！
脫離國際聯盟！

※「松岡洋右」（一八八〇～一九四六）……政治家、外交官。於國際聯盟會議上，作為日本全權首席代表宣告退出。日後作為外務大臣簽訂日德意三國聯盟、日蘇中立條約。戰後，於東京審判過程中病逝。

就像這樣，日本成了世界的孤兒。
同時……另一邊的德國呢，
則由納粹黨的希特勒就任元首。
國民們，跟隨我吧！

我將重新打造
偉大的德國，
並為每位國民
發下一台自用車！
萬萬歲
萬萬歲
萬萬歲
希特勒
希特勒萬歲！
如此當然
會大受
歡迎囉。
因為他是
華格納的
忠實信奉者，

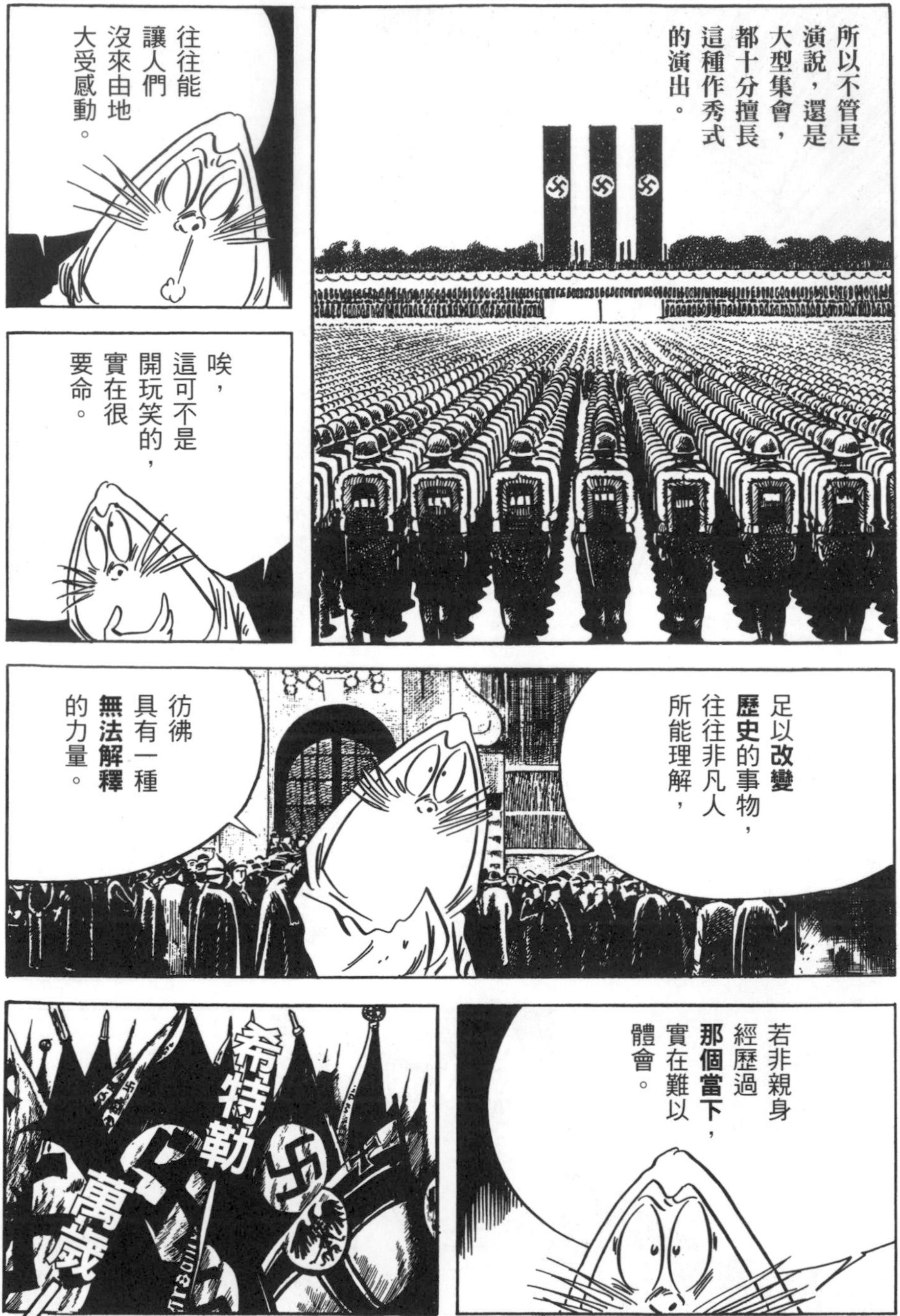
所以不管是演說，還是大型集會，都十分擅長這種作秀式的演出。
往往能讓人們沒來由地大受感動。
唉，這可不是開玩笑的，實在很要命。
足以**改變歷史**的事物，往往非凡人所能理解，
彷彿具有一種**無法解釋**的力量。
若非親身經歷過**那個當下**，實在難以體會。
希特勒萬歲

在此將目光轉回國內……昭和六年（一九三一）爆發的滿洲事變，對工運界的重新洗牌造成極大影響，因為他們都得面對支持戰爭與否的大哉問。

就在這種情況之下，反覆上演著離合聚散的場面，到了昭和十年代，各自踏上解散、禁止、消滅的道路。

昭和七年（一九三二），在以莫斯科作為本部的共產國際上，「日本情勢及日本共產黨任務之相關綱領」（三二年綱領）拍板定案，
好強化體質逐漸虛弱的日本共產黨。不過這份綱領始終無視於日本的現實局勢，因此在欠缺黨員和資金之下以失敗告終。

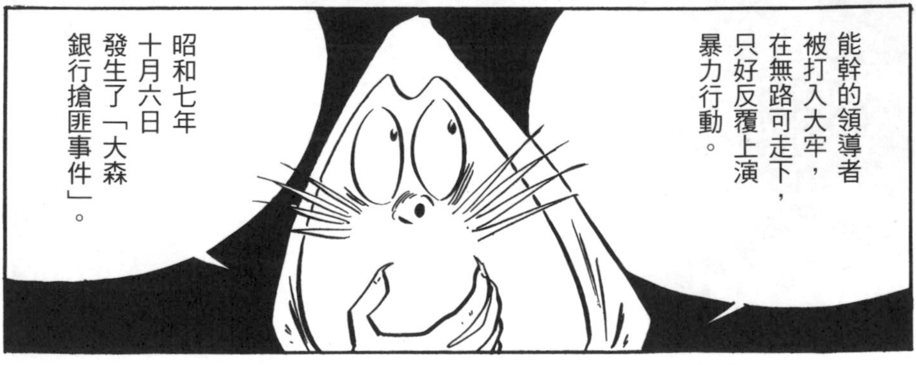
能幹的領導者被打入大牢，在無路可走下，只好反覆上演暴力行動。
昭和七年十月六日發生了「大森銀行搶匪事件」。

三名男性持槍闖入第百銀行大森分行。
他們雖然成功搶走三萬日圓，卻在五天後落網。
而警方也趁此機會，展開大規模的突擊搜查。
獄外的共產黨員原本就已經走投無路了，又再吃上這最後一擊。
翌年昭和八年六月，獄中的最高領袖們聯合發表轉向聲明，
造成相當大的衝擊，不僅獄中的黨員們，就連獄外黨員也紛紛轉向。

就連學術界也感受到軍國主義的壓力。
不只是懷有共產主義傾向的學者，
就連有礙於軍國主義的學者也一併遭受攻擊。
好比京都大學的瀧川事件，就是對學術界的明顯干預。
那是在……昭和八年（一九三三）一月，軍國主義所操控的國會上，政友會的宮澤浴等人

主張將京都大學法學系教授※瀧川幸辰放逐，因為他們宣稱瀧川是「赤化教授」。

但事實上，瀧川不過是自由派的刑法學者，
只是依循法學常識開班授課，並進行撰述而已。

※「瀧川幸辰」（一八九一～一九六二）……刑法學者。因著書《刑法講義》被視為危險思想，昭和八年（一九三三）被剝奪京都大學教授一職。戰後復職，昭和二十八年（一九五三）任京大總長。

即便如此，右翼思想家和軍方關係人士還是無法忍受。
相傳這起事件是由狂熱派右翼思想家※蓑田胸喜在幕後操控。
施加在瀧川身上的壓力日漸增強，到了四月，他的著作《刑法講義》、《刑法讀本》，
遭到禁止販售。

※「蓑田胸喜」（一八九四～一九四六）……國家主義者。作為激進派右翼思想者，攻擊眾多自由主義學者，引發瀧川事件、天皇機關說事件。

到了五月，
※鳩山一郎文部大臣
無視於京都大學
當局的意見，
對瀧川處以休職。
瀧川教授
教授的人事權
向來歸大學當局所有，
此舉也就此打破了
大學自治的原則。

京大法學系
的教授們
集體提出辭呈，
學生們也發起
罷課抗議行動。

※「鳩山一郎」（一八八三～一九五九）……政治家。擔任犬養、齊藤內閣的文部大臣。戰後，於昭和二十九～三十一年（一九五四～五六）期間擔任內閣總理大臣，並於任內成功恢復日蘇外交。

※「美濃部達吉」（一八七三～一九四八）……憲法、行政法學者。提出「天皇機關說」，主張國家是一法人機構，統治權屬於國家，而天皇只是國家的最高機關。卻也因此遭到政治迫害。

不過在文部省的權力和策略面前，抗議行動最終還是徒勞一場。
幕後操控的蓑田胸喜，日後也化為打壓學問和言論的先鋒，在終戰後沒多久自殺。

蓑田胸喜
他雖然曾擔任慶應預科的老師，相傳卻是軍部的御用學者。

緊接在瀧川事件之後，昭和十年（一九三五）二月十八日發生了憲法學者※美濃部達吉的「天皇機關說」抨擊事件。

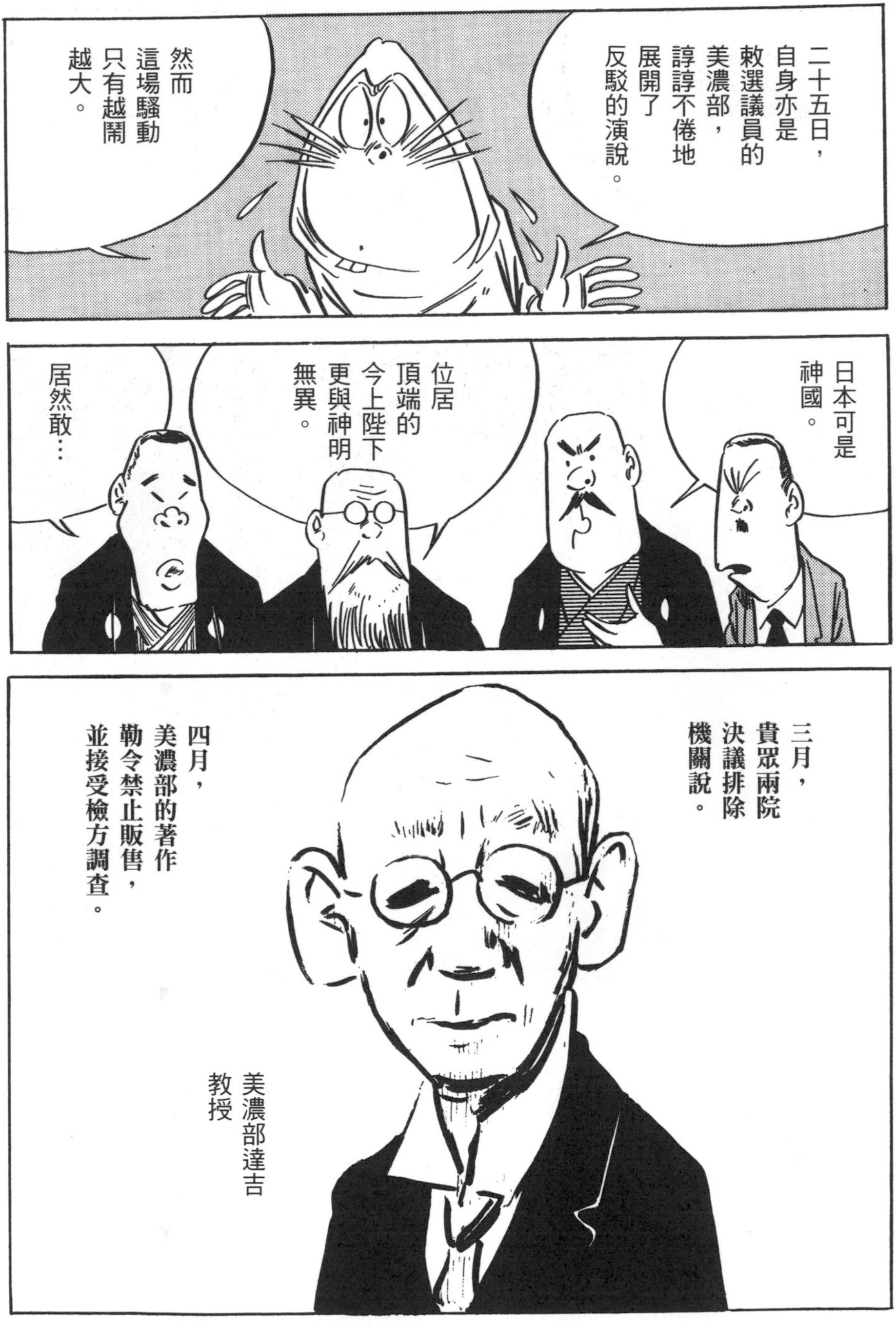
二十五日，自身亦是敕選議員的美濃部，諄諄不倦地展開了反駁的演說。
然而這場騷動只有越鬧越大。
日本可是神國。
位居頂端的今上陛下更與神明無異。
居然敢⋯
三月，貴眾兩院決議排除機關說。
四月，美濃部的著作勒令禁止販售，並接受檢方調查。
美濃部達吉教授

最後雖然獲得不起訴處份，但還是丟了議員職位，
翌年甚至遭受右翼暴漢的襲擊而負傷。
日本全國的左翼運動到自由派，都在此時開始退潮。
但也出現了由獨特的勞工運動獲勝的一幕。
當時由松竹少女歌劇團的明星※水之江瀧子帶頭領軍，

※「水之江瀧子」（一九一五～二〇〇九）……女演員、電影製片。戰前作為松竹少女歌劇團的男役明星而風靡一時，戰後則以日本第一位女電影製片的身份活躍。

提出改善待遇的要求，而發動長達一個月的罷工。
這原本是起於樂團樂手的薪水太多微薄。
才演變至後來的局面。
因為是由十八歲的水之江瀧子擔任委員長，世間還以為是桃色糾紛。
但如果因此失去人氣明星就太不划算了，於是松竹決定讓步，由女孩們取得了最終勝利。
真是可喜可賀。而就在此時，

＊咔嚓

陸軍的
永田軍務
局長
被殺了！
事情起於
皇道派中心人物
※真崎大將的
教育總監一職
遭到撤換，
而陸軍統制派的
永田少將被視為
這場計謀的幕後主腦。
動手殺人的相澤三郎中佐
是一名劍道高手。
永田軍務
局長

※「真崎甚三郎」（一八七六～一九五六）……陸軍大將。與荒木貞夫同為皇道派中心人物之一，曾在二・二六事件中遭受軍法審判，但獲判無罪。戰後在東京審判中曾以戰犯身份遭羈押，最後亦獲判無罪。

啊，永田軍務局長被殺了。
父親不知為何假借「靜養」之名，常常待在家裡。他是一個從來不勉強自己的人。
是※相澤中佐動的手。
火の用心
這是皇道派和陸軍統制派之爭。
皇道派？
荒木大將和真崎大將一派，
真要分的話，就是教育性的精神派；另一方的統制派則相當注重理論。

※「相澤三郎」（一八八九～一九三六）……陸軍中佐。懷有革新思想。刺殺統制派的永田鐵山，事件後遭判處死刑。

統制派有永田、東條、武藤等人。
再這麼貧窮的話，不鬧個革命就撐不下去了。
啊，大本教因為不敬罪而遭到掃蕩了。
是※出口王仁三郎呀。
他們究竟是怎麼填飽肚子的呢？
我跟你說，靠神明最賺錢了。
那麼……我也來工作吧。
明天就去大阪。

※「出口王仁三郎」（一八七一～一九四八）……宗教家。為新興宗教大本教的教主。昭和十年（一九三五）以不敬罪及違反治安維持法為由遭到逮捕，此為統制派對宗教的打壓。

第11章 二·二六事件

昭和十一年（一九三六）二月二十六日，爆發了近代日本史上
規模最大的軍事政變——二・二六事件。

事件背景跟軍方內部的權力鬥爭脫不了關係。在陸軍內部，有一群和昭和六年十月事件的核心人物擁有相同狂熱使命感的青年將校。

在目睹了東北農村的慘狀之後，他們深感不能再這樣下去了。

在得知歐美列強的亞洲殖民史後，更形成一股強烈的民族主義情感。
對他們來說，只顧著自己荷包的資本家自然不在話下，
對於優柔寡斷的政治家也難以忍受。
誰才能拯救貧苦的人們呢！

※「北一輝」（一八八三～一九三七）……國家主義者。其著作《日本改造法案大綱》被革新派的青年將校視為聖經。在二・二六事件後，以幕後指導者的罪名，遭判處死刑。

這些青年將校受到右翼思想家※北一輝和大川周明的影響，
形成了稱為皇道派的潮流。而相對的，
北一輝
而較為世故狡猾、冷靜、現實的軍人們，則被稱為統制派。皇道派打算從統制派手中一舉取得主導權，並從中實現他們的那份狂熱「理想」，於是發動了二・二六軍事政變。
ザッ
ザッ
ザッ

＊噠噠噠噠噠

二月二十五日
晚上開始，
首都圈下起了
睽違三十年的
大雪。

到了
二十六日黎明，
雪終於停了，
但地面上仍
覆蓋著皚皚積雪。
士兵們一步步地
踩在這片積雪中，
展開了進擊。

目標是內相官邸、陸相官邸、警視廳、陸軍省、參謀本部，除此之外，還包括以朝日新聞為首的報導機關。

バ
バ
バ
バ
バ
バ

*磅磅磅磅磅磅

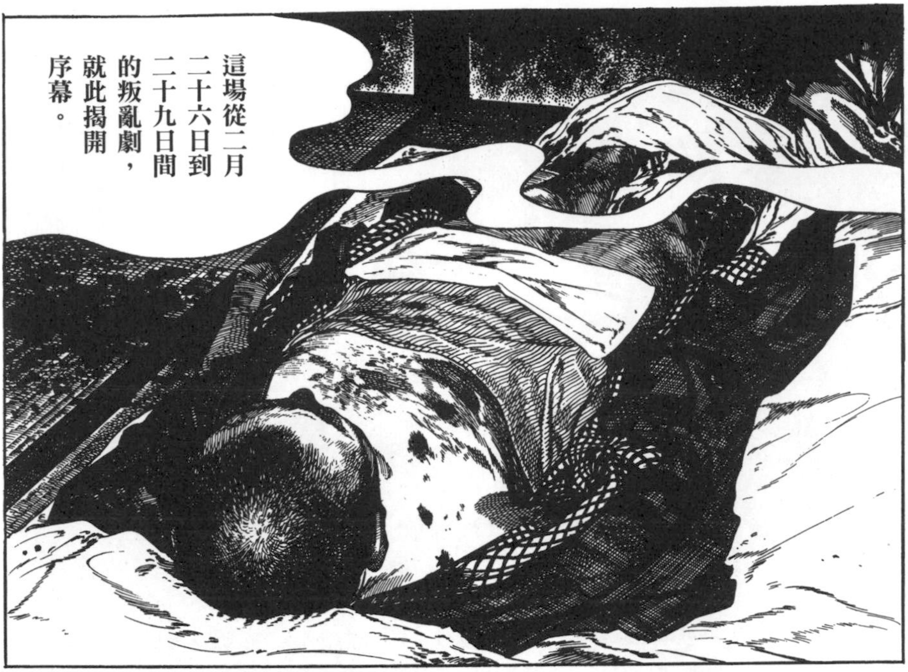
這場從二月二十六日到二十九日間的叛亂劇，就此揭開序幕。

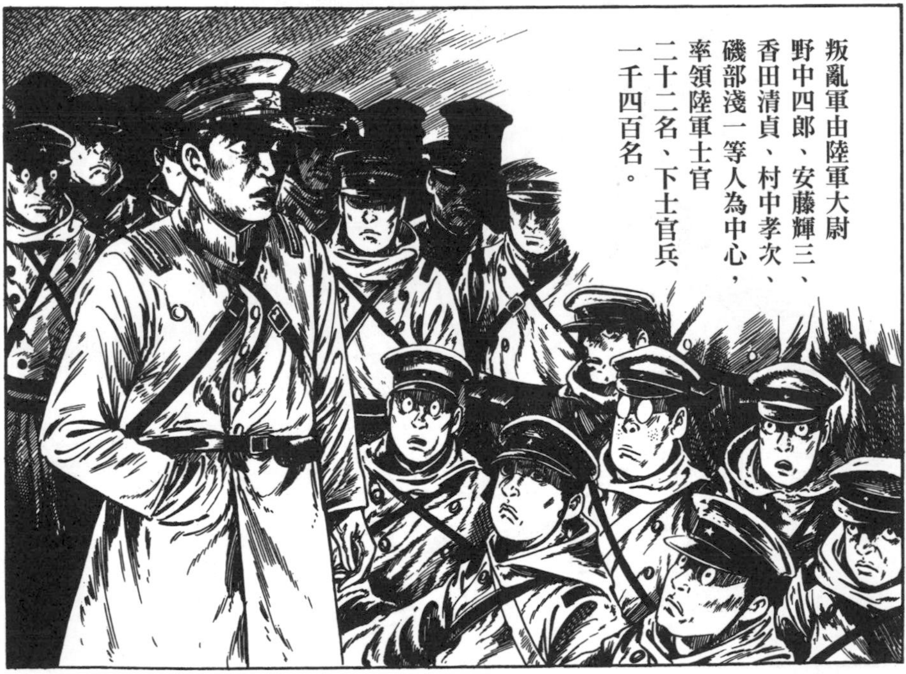
叛亂軍由陸軍大尉野中四郎、安藤輝三、香田清貞、村中孝次、磯部淺一等人為中心，率領陸軍士官二十二名、下士官兵一千四百名。

此外還加上
※西田稅等數名
右翼運動家。
與其說
下士官以下
是自願參加，
倒不說大多數人
都只是遵從
長官命令而已。

不知為何，
母親非常熱衷
於二·二六
事件。
大概因為
西田稅也是
出身於米子
的同鄉，而
特別熟識吧。

※「西田稅」（一九〇一～一九三七）……國家主義者。對北一輝的思想深感共鳴，參與國家改造運動。在二·二六事件後，與北一輝共同被判處死刑。

再這樣下去是不行的！
都是政治不好，才會這麼貧窮。
貧窮是因為老爸賺的薪水太少啦。
不對，都是政治害的。
什麼？本來聽說※岡田首相遭到射殺了，
結果他還活著啊。

※「岡田啟介」（一八六八～一九五二）……海軍大將。為二‧二六事件當時的內閣總理大臣，僥倖逃過一劫。在第二次大戰末期，集和平派重臣之力推翻東條內閣。

岡田首相
當時躲了起來，
前來救援的妹夫卻被
誤認為首相而遭到射殺。
最終，政府高官共有
藏相高橋是清、內相齋藤實、
教育總監渡邊錠太郎
死於槍下，侍從長
鈴木貫太郎（日後戰後
內閣的首相）則身負重傷。

此外，
警視廳更遭到
約四百名武裝士兵
所佔據，機能癱瘓。
朝日新聞社的活字箱
被翻倒在地，其他
報社則被迫刊載
他們的※蹶起趣意書。

※〈蹶起趣意書〉……發動二・二六事件的青年將校為表達自身主張、政變宗旨所撰寫的檄文。

到了
早上九點左右，
叛亂軍已經
差不多將首都
中樞鎮壓完畢。

川島陸相
從佔領了
陸相官邸的
香田大尉
手中，收下
趣意書和
要求事項，
接著於
九點半
覲見天皇，
呈上
趣意書。

川島雖然
沒有明確地
表示出自己的意見，
但就如同反叛軍
所盼望的一樣，
他也暗自期待
促成天皇親政
和軍隊主導型
內閣。
然而天皇
卻說……
儘快將
叛亂軍
鎮壓！
是！
政府在
二十六日晚間
召開閣議，
決定實施
※戒嚴令。

※「戒嚴令」……當國家處於戰爭或發生重大事件時，宣告將司法權、立法權、行政權交由軍隊接管的命令，為避免危害社會安全、維持政局穩定所採取的緊急措施。

在事件初期
顯得狼狽不已的政府首腦，
此時終於重新冷靜了下來，
而軍方內部也開始出現裂痕。
天皇向※本庄侍從武官長
說道……
膽敢——
殺害朕最為
信賴的老臣，
這種行為
等於是在
與朕為敵。

朕將
親自率領
近衛師團，
弭平叛賊！
——《本庄日記》
這番話也造成
重大的影響。

※「本庄繁」（一八七六～一九四五）……陸軍大將。歷任關東軍司令官、侍從武官長。於敗戰後自盡。遺稿《本庄日記》成了昭和史的貴重史料。

不知為何，
母親十分
沉迷其中。
跟你們說，
已經在二十八日
清晨五點
頒布※奉敕了。
奉敕？
雖然不知道
是什麼狀況，
但東京好像
出了大事。
說不定
連考試
都會取消。

※「奉敕」……接受天皇御詔之意，即天皇下達的命令。

內容寫著「戒嚴司令官，務必將佔據三宅坂附近的將校以下官兵，儘速撤離現在據點，並返回各所屬部隊隸下，奉敕。」
媽，別這麼激動。
要是違旨，就是「賊軍」了！
賊軍？
事情不得了了。
為了替總攻擊作準備，已經向都心居民下達避難命令了。

＊鏘銀鏘鏘鏘

二十九日，
包括坦克隊
在內，佈下了
兩萬四千人
的包圍網。
とんかつ

東京灣內駛進了
為數四十艘的艦隊，
登陸的陸戰隊
則緊急搭乘卡車
前往海軍省，
作好跟陸軍
一戰的覺悟。

＊隆——

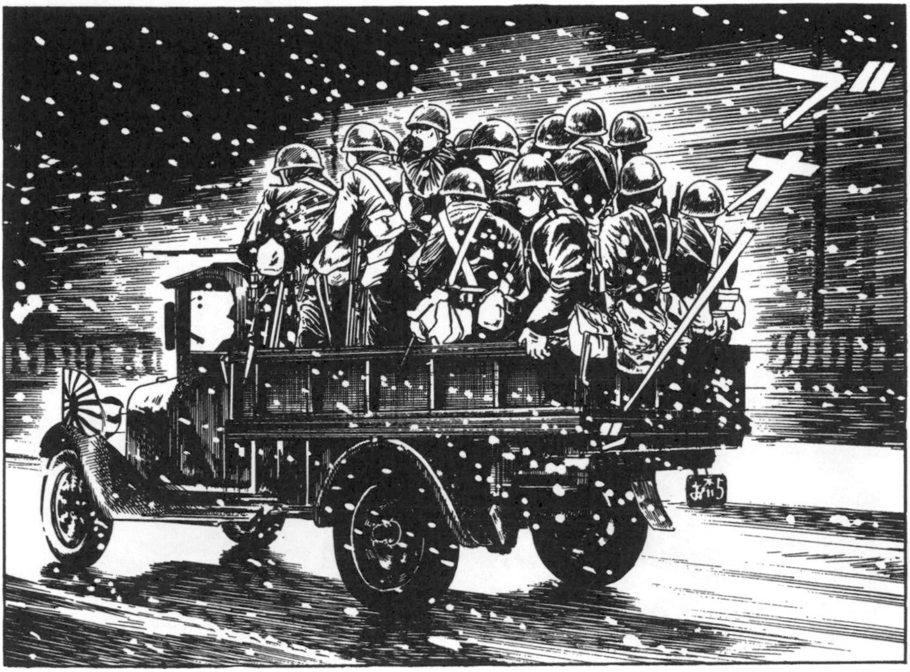
ブオ

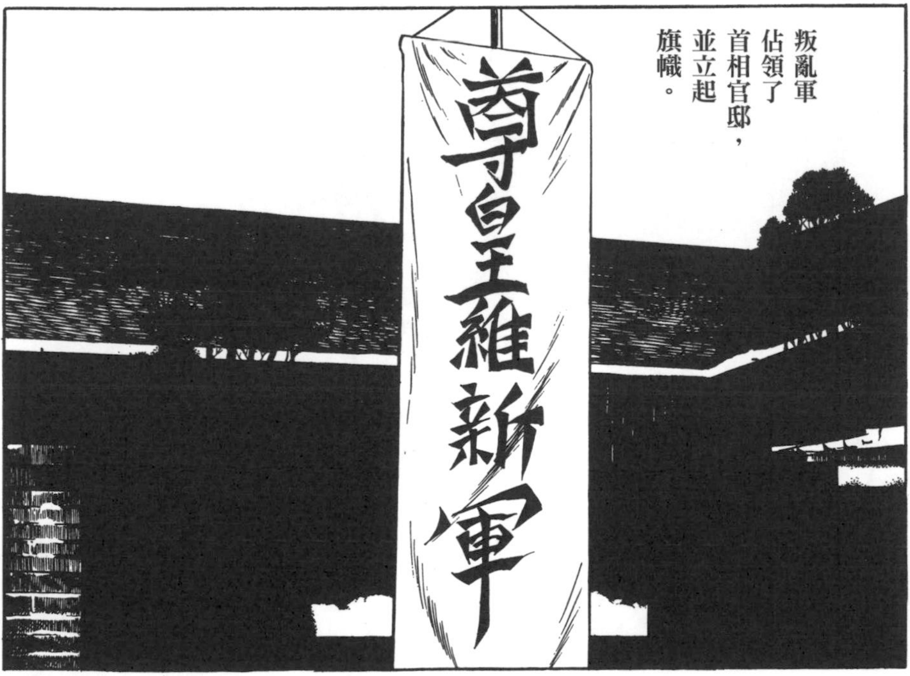
叛亂軍佔領了首相官邸，並立起旗幟。
尊皇維新軍

鎮壓部隊在皇居前，朝著叛亂軍擺出砲擊陣勢。

為了勸告叛亂軍儘快歸順，
勅命下る軍旗
更升起了「下達敕命，切勿對軍旗出手」的廣告氣球，並撒下傳單。

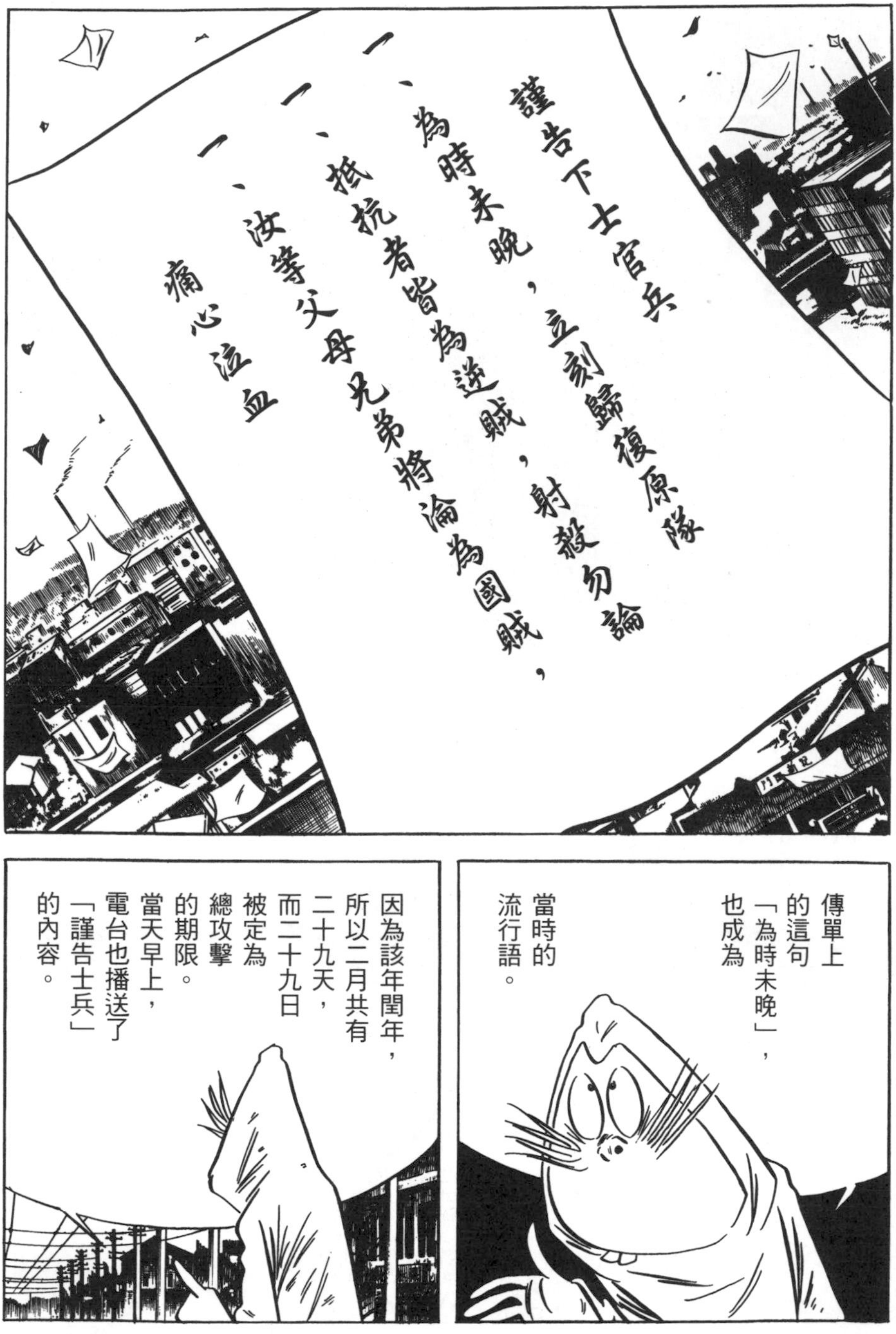
謹告下士官兵
一、為時未晚，立刻歸復原隊
一、抵抗者皆為逆賊，射殺勿論
一、汝等父母兄弟將淪為國賊，
痛心泣血
傳單上的這句「為時未晚」，也成為當時的流行語。
因為該年閏年，所以二月共有二十九天，而二十九日被定為總攻擊的期限。
當天早上，電台也播送了「謹告士兵」的內容。

歸順工作
進行得
十分順利，
士兵們
陸續歸順。
除了數名
自殺的將校
之外，
未出現
半名
死傷者。
ザッ
ザッ
ザッ
ザッ

＊噠噠噠噠

四月底，
召開了
沒有律師、
也非公開的
特設軍法
審判。
七月五日
宣佈第一次
判決，十七名
核心人物
被判處死刑。

翌年昭和十二年
（一九三七）
一月十八日、
八月十四日，
接連公佈了
第二、第三次
判決。
以輔助人物
為中心，
分別被判處
無期徒刑和
有期徒刑。

由於
底層士兵
不是依自我
意志行事，
所以沒有被
追究責任。
日後，
隨著戰局
越來越嚴峻時，
他們被派往激戰
前線，多數人
都未能平安生還。

＊轟隆—隆

十二年八月，作為幕後的思想犯，北一輝和西田稅被判處死刑。
啊，佛師屋的阿稅居然被判死刑了…他以前是個很聰明的孩子……
他們明明是群憂國憂民的人。
母親一直站在叛亂軍這一方。
喔，大概就是這麼回事吧。
我們則是什麼都搞不清楚。

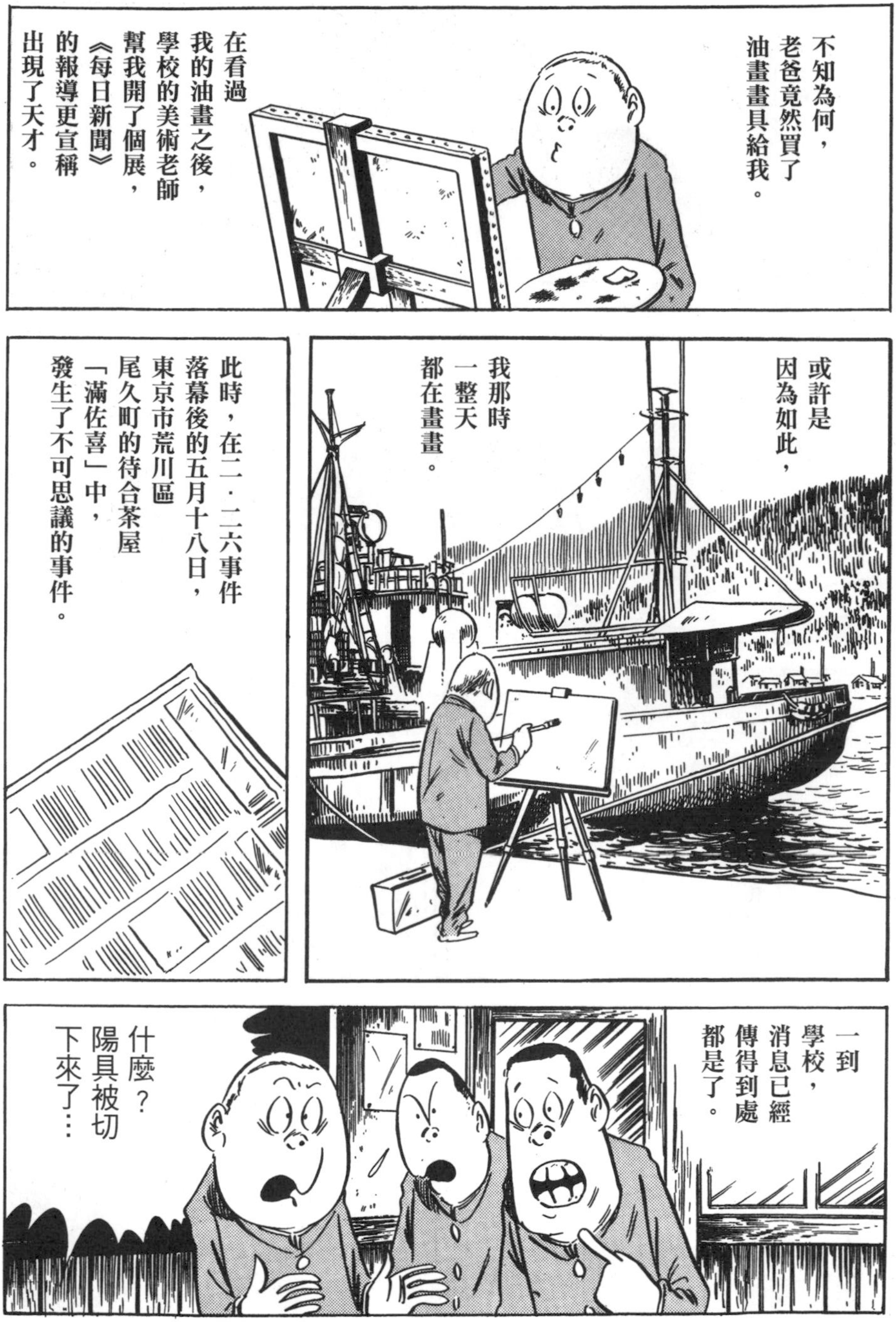
不知為何，老爸竟然買了油畫畫具給我。
在看過我的油畫之後，學校的美術老師幫我開了個展，《每日新聞》的報導更宣稱出現了天才。
或許是因為如此，
我那時一整天都在畫畫。
此時，在二·二六事件落幕後的五月十八日，東京市荒川區尾久町的待合茶屋「滿佐喜」中，發生了不可思議的事件。
一到學校，消息已經傳得到處都是了。
什麼？陽具被切下來了…

受害者是經營小餐館的石田。
動手的好像是石田店內的女侍，叫阿部定。
是喔？阿部定！
而且聽說阿部定還拿著切下來的陽具到處趴趴走呢。
拿著陽具？
對呀。
太有趣了。
根據調查，
嗯。
兩人具有變態的性癖好。
怎麼個變態法？

報上寫說，他們喜歡在性交時勒著脖子。
原來如此，不小心太用力了，才導致意外死亡。
我當時就讀於高等小學，這種事件實在前所未聞，
所以大家都對此熱論不休。
阿部定打從少女時期以來，就只對戀愛感興趣。換言之，就是將自己獻身給了性愛。
沒錯，我這一生就只愛這檔子事。

正當有一群人
為了「昭和維新」的「大義」獻身，
吸引了全日本的目光焦點之時；
只為男女間的「小義」獻身的女人，
就別的意義來說，也吸引了
全日本的目光焦點——

阿部定服完刑後，在餐廳、旅館擔任女侍，
旅籠
水又屋
據記載，也活到了戰後三十餘年。

第12章 國共合作——中國的反日運動

昭和十二年（一九三七）七月七日晚間，距離北京西南方六公里的蘆溝橋附近，一支日軍中隊（約二五〇人）展開了夜間演習。
蘆溝橋是架在永定河（別名蘆溝）上的大理石橋，建於金朝。

十三世紀造訪中國的旅行家馬可波羅，也曾為蘆溝橋驚艷不已，因而傳至歐洲。

蘆溝橋的英文別名便是取自「馬可波羅」。
演習原本到十一點左右就要結束，卻突然響起了數十發的機關槍聲。
日軍立刻調整為戰鬥態勢，並要求駐紮於蘆溝橋的中國軍出面解釋，中國軍卻直接以子彈回敬。
日軍便開始向中國軍展開攻擊。這便是使得中日戰爭更加擴大，並正式開戰的導火線——蘆溝橋事變。

如果要述說
蘆溝橋事變之後
的中日戰爭，
應該先審視中國
反日運動
究竟
是如何
形成的。
蘆溝橋事變發生
的前一年秋天，
毛澤東等紅軍
才剛在中國
完成了「長征」。

一九三三年前，
中國共產黨都是
以中國南部的
瑞金作為大本營，
卻在與國民黨
勢力的對抗中
敗下陣來，

不得不放棄
原本的根據地。
從一九三四年十月起，
為數三十萬的中共軍
展開了一場大移動，
耗費了整整兩年，
一邊對抗著
國民黨軍、
飢餓、疾病
和天災等
問題，

終於抵達
位於中國西部
陝西省延安的
根據地。總距離
一二五〇〇公里、
跨越十一個省份，
最後僅剩三萬人，
這便是所謂的
「長征」。

通過這場試煉，中共的信心大增，
而毛澤東在黨內部的權威也更加穩固。
當中共軍耗費兩年的長征劃下句點時，
便發生了綏遠事件。
昭和十一年（一九三六）十一月十四日，
日軍及其傀儡的內蒙古軍，向綏遠進攻。

但在中國
傅作義軍
的反擊之下，
只落得
慘敗而歸。

*磅磅磅

*嗚哇——

中國軍的捷報大大增長了中國民眾的反日情緒，不過如果要將這股反日情緒轉化成現實中的力量，

就必須先克服國共內戰的狀態。而緊接著爆發的西安事件，則成了絕佳的契機。

同年十二月，
蔣介石來到
綏遠南方的
陝西省省會
西安。
跟共產黨
甫完成長征
的延安相比，
西安其實
相距不遠。

張學良及
其轄下軍隊
便駐紮此地。
蔣介石
是為了視察
並督促討伐
中共軍，才
會來到這裡。

但比起討伐中共軍，張學良對於中共軍提議聯手共禦日軍的主張，反倒更有共鳴。
你好。
他更與中共最高幹部之一的周恩來有所接觸。
學良先生，中國只有「抗日救國」一途可走了。
吾父張作霖也是死在關東軍的手中……
張先生，一起拯救中國吧。
我深有同感。

蔣介石抵達西安之後，下榻於以唐玄宗和楊貴妃聞名的華清池。
蔣委員長，現在不應跟中共軍爭個你死我活，而是該跟中共聯手抗日，打造統一戰線。
張先生，你人太好了，才會上中共的當。
豈有此理……
別再談這檔事了。
因為不被蔣介石當一回事，張學良終於下定決心，
十二月十二日清晨，他命令旗下軍隊朝「華清池」前進。
突擊之下，蔣介石連假牙都忘在廁所裡，急急忙忙逃入山中。

不過蔣介石最後
還是遭到逮捕。
張學良派遣使者
前往延安邀請
周恩來，讓蔣周
兩人當面會談。
我是
周恩來，
請多指教。
……
總統，
這是
決定
中國
未來
的
大事。
……

總而言之，要是中國人彼此內鬨的話……
你什麼時候加入了共產黨？
蔣介石雖然抵抗到最後一刻……
我同意終止內戰，組成抗日統一戰線。
這就是所謂的西安事件。
之後，張學良隨蔣介石一同前往洛陽。
蔣介石在當地向政府軍
下令終止內戰。
張學良在此之後遭受軍方監視，陷入軟禁狀態。

直到近年，他都處於軟禁狀態，在台灣度過了老年生活。
在西安事件的半年之後，爆發了蘆溝橋事變。
日後，中國根據一九三七年七月七日的日期稱為「七七事變」，長存在國民記憶之中。
從昭和六年展開的中日十五年戰爭，以這天為界全面爆發。
＊轟隆——

小茂雖然要畢業了……但總不能讓他去當學徒吧。
考試內容明明只有算數和國語……
如果算數都考零分的話，那也沒救了。
不管考哪間學校，應該都是徒勞無功吧。
我在大阪有認識一間製版公司……
就讓他去那邊上班吧。
我現在正好也很缺錢……

就像這樣，
高等小學畢業後，
我就進入大阪的
製版公司工作。
這時我發現自己
有近視，
就戴
起了
眼鏡。
阿茂。
ポリポリ
＊抓抓
阿茂。
老闆娘
在叫你。
打從進公司
以來，你就
一直在打盹。
叫你去
辦事！
呃啊。
ドタドタドタ
＊搖搖晃晃

*叩
*喀啦
那裡是壁櫥。
啊，我搞錯了。
*咿呀—
那裡是廁所。
是，出口是在這邊吧。
*踏
啊，師傅。
*咯吱—
*一跳

搞什麼鬼，連老闆的頭都敢踩！
啊。
啊什麼啊，
你究竟要去哪裡？
究竟是要去哪呢。
我好像還沒問呢。
哈哈哈哈

阿茂！
怎麼了？
雖然對你過意不去，但明天還是請令尊來一趟吧。
？
我只好去舅公開在梅田的印刷廠，找住在那裡的父親。
哦，爸爸。
啊，是你呀。
師傅要你明天過去…

父親正好買了外郎糕。
吃外郎糕吧。
嗯，那間製版公司長了很多臭蟲，實在睡不著覺。
＊嚼嚼
嗯……這樣當然會睡眠不足。
もぐもぐ
もぐもぐ
這外郎糕真好吃。
我當時十分悠哉，在那間印刷公司畫了兩、三個月的油畫。
小茂，我找到別間製版公司了。

換言之，就是被上間公司「炒魷魚」了。父親實在沒轍，只好租了一間公寓。
ナントカ版画社
喂，少在那發呆，快來拔草。
麻雀還真多呢。
喂，把這塊※鋅版送去丸龜先生那裡。
ポテン

※「鋅版」……平版印刷所用的版材之一。

＊啪嗒

ちからもち
名代ぜんざい
カ
*狼吞虎嚥
ガー!
老闆，給我十份力餅和甜饅頭。
*嚼嚼
もぐもぐもぐ
你還真會吃。
啊，丸龜先生嗎？什麼？貴重的鋅版居然被丟在店前…真是太抱歉了。
你是白痴嗎？
別罵了…這麼做也於事無補。

因為店門沒開啊。
喂，把這個送去給五島先生。
原本還聽說這裡可以畫畫，這樣根本只是在跑腿嘛。
雖然我曾經去過五島先生那裡，現在卻怎麼都找不到。
這下不妙了，都已經這麼晚了。
就算現在拿回去，也只會被臭罵一頓而已。
總之先藏在這裡，再跟前輩問路吧。

你說什麼！
別、別這麼大聲。
什麼？找不到五島先生那裡？
那你把鋅版放到哪裡去了？
放在橋下了。
咦咦！
根本沒有嘛。
我的確是放在這裡…
什麼？把鋅版搞丟了？你終於闖出大禍了！
大笨蛋！

結果他們還是說小茂派不上用場，把他開除了。
開除！
如果不讓那孩子去上學的話，將來不知道怎麼辦。
就是說呀。
這次我要去丹波篠山當事務所長，說不定出得起學費。
總之，那孩子的腦袋就那個樣。
對呀，總得讓他學個一技之長。
有沒有哪間學校是不用考試的？
嗯，我也是這麼想。
哥哥上了中學，
弟弟也去讀書了，只有那孩子不成器。

你快點去大阪吧……
嗯，知道了。
在父親介紹之下，我進入精華美術學院這間製圖學校就讀……而且還是老師只有校長一人的奇特學校。
總而言之，從丹波篠山到大阪的美術學校通勤，每天只要花上兩個小時，那就住在篠山吧。
就這麼辦吧。
篠山位於深山裡，到國鐵（JR）車站之前，得先搭乘輕便鐵道這種與火柴盒無異的電車。每天清晨五點就要出門，要是在車站打瞌睡的話，司機就會覺得沒人直接開過站。
ナントカ駅
在各式各樣的不走運之下，

我一年中有大半時間都放假在家。
我整天在家專心採集昆蟲和作畫，偶爾去上學時……
校長，請給我學生優惠的定期票。
什麼學生優惠？你根本沒有來本校上課，我不會開證明書給你的。
哎呀，該怎麼說呢，彷彿跟世間格格不入一樣，年輕時期的水木茂過得很特立獨行。
而他當時熱衷於安德森、《一千零一夜》等童話之中，明明沒人拜託他，卻畫出了數十冊繪本，獨自樂在其中。

第13章 進入南京

由昭和十二年（一九三七）七月七日蘆溝橋事件開始的中日軍事衝突，到了八月、九月，仍然沒有停止的跡象。
日本政府發表聲明，宣稱「將嚴懲支那軍的暴戾」，並將這場戰爭從「北支事變」改成了「支那事變」。
但另一方面，日本政府從未正式宣戰。
為了防止美國等西歐列強介入，所以才堅稱這不是「戰爭」，而只是「事變」這種偶發性的軍事衝突。

*砰——

*噠噠噠

此後
持續了
長達八年的
大規模戰爭狀態。
中國也以西安事件
為契機，組成了
國共合作的統一戰線。
抗日戰爭
就此展開。
八月十五日，
蔣介石
發佈了全國
動員令，
將中共軍
編為第八路軍，
歸入國民政府
的指揮之下。
日軍熾烈侵攻、
中國軍頑強
抵抗，
雙方
激烈
衝突不斷。

尤其日軍在侵略時為了保持行軍輕便，都採取當地調度食糧的作法。當地調度指的就是掠奪之意。

在這種狀況之下，事變爆發五個月之後的十二月，發生了南京事件。

*嗟嗟嗟嗟嗟
突破了中國軍在上海的堅強戰線之後，日軍一次進逼到西方約三百公里的南京。

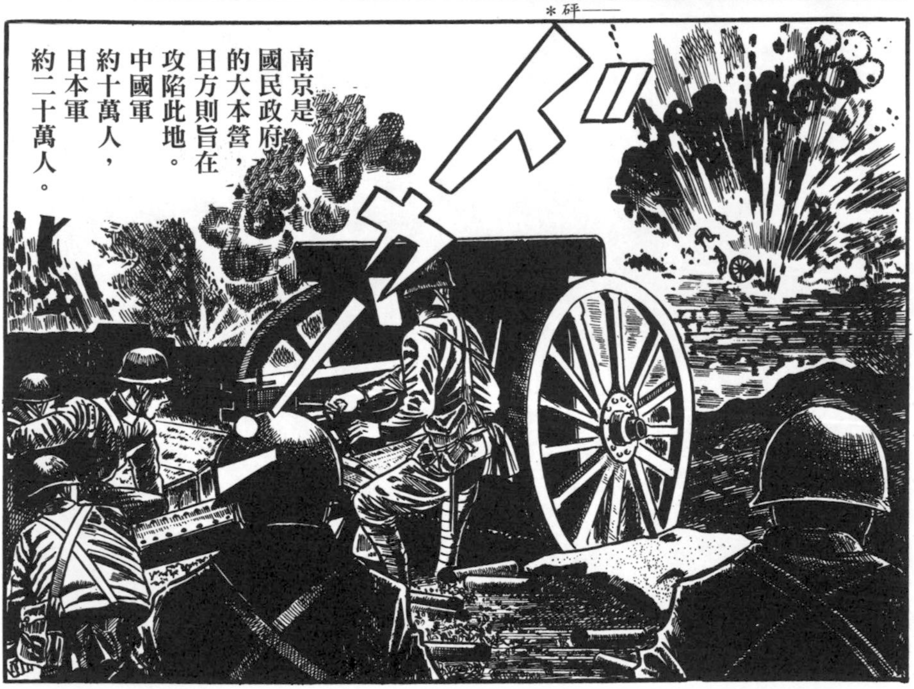
*砰——
南京是國民政府的大本營，日方則旨在攻陷此地。
中國軍約十萬人，
日本軍約二十萬人。

十二月十日，
日軍對南京城
展開總攻擊。
十二日，中國軍
開始撤退。
十三日，日軍
進佔了南京城，
慘劇則是
在此之後發生。

自上海
戰線以來
情緒始終
激昂不已的
日本士兵，
不只針對
中國士兵，
就連留在
城內的
數萬名居民
也不放過，
就此展開了
一場血腥殺戮。

這場南京虐殺事件是戰爭混亂之下的產物，雖然不清楚確切的死傷人數，但相傳高達十萬人以上……

十二月十四日，傳來南京陷落捷報的那一天，東京市內各大街道都上演了慶祝戰勝的提燈遊行，日本國民沉醉在歡欣鼓舞的氣氛之中。
萬歲
祝皇軍大勝
祝南京陷落

正當此時，樺太（庫頁島）的日蘇邊界發生了一起事件，那就是女星岡田嘉子和戀人·導演杉本良吉的亡命蘇聯事件。

以慰問國境警備隊作為藉口，兩人來到了日蘇邊界，並一舉突破樺太的國界。

岡田當年三十六歲，是一位活躍於劇場和電影的女演員，相貌出眾。
杉本則是左翼系新劇的導演。
根據治安當局判斷，兩人應該是為了重建陷入毀滅狀態的日本共產黨，並與莫斯科的共產國際取得聯繫，

才會大膽潛入蘇聯。
至少也是為了不受法西斯國家所害，
尋求共產國際的庇護，兩人才會選擇亡命蘇聯，這點無可否認。

兩人進入蘇聯之後，
立刻遭到當局調查。
在當時的蘇聯，
只要膽敢對史達林
一派稍加批評，
就會被蓋上
反革命的烙印，
不是被關入集中營，
就是遭到槍殺。

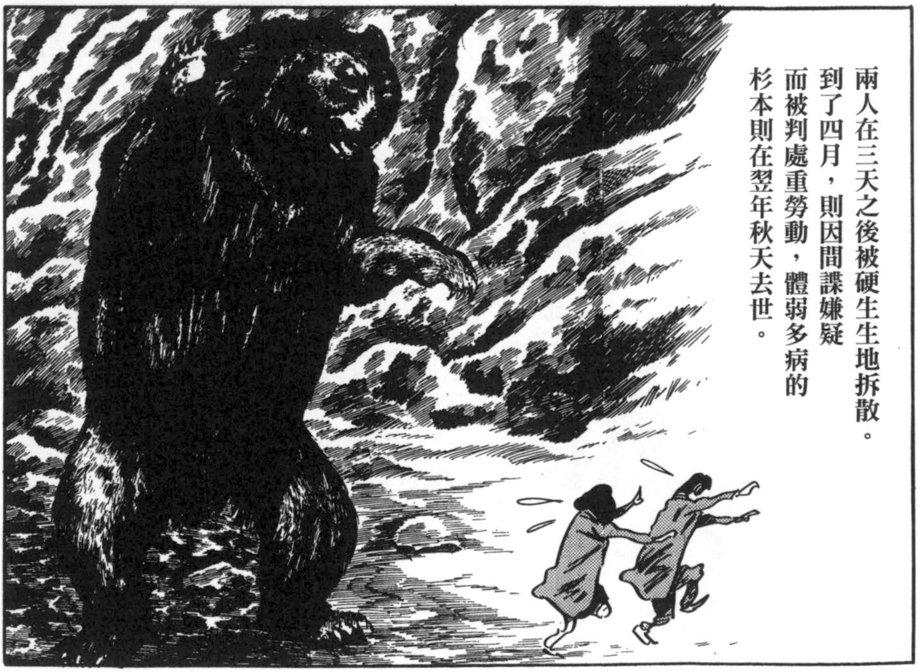
兩人在三天之後被硬生生地拆散。
到了四月，則因間諜嫌疑
而被判處重勞動，體弱多病的
杉本則在翌年秋天去世。

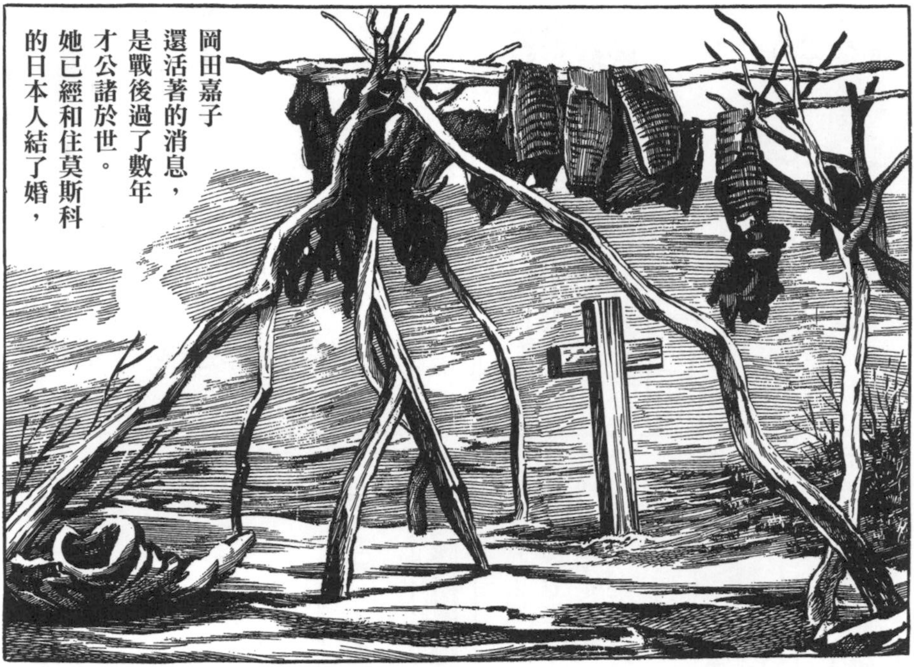
岡田嘉子
還活著的消息，
是戰後過了數年
才公諸於世。
她已經和住莫斯科
的日本人結了婚，

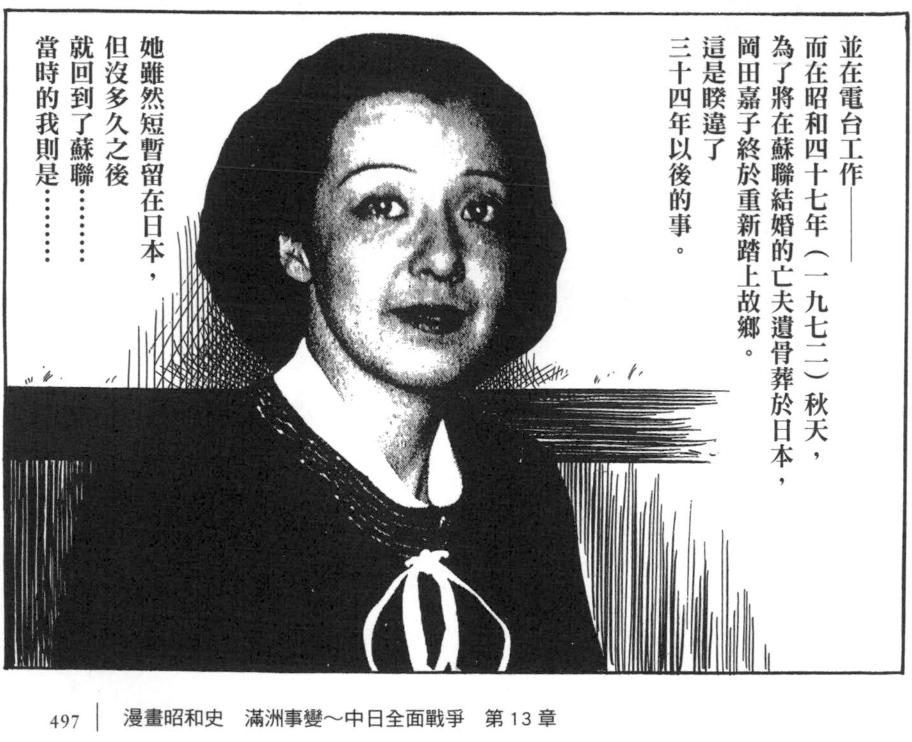
並在電台工作——
而在昭和四十七年（一九七二）秋天，
為了將在蘇聯結婚的亡夫遺骨葬於日本，
岡田嘉子終於重新踏上故鄉。
這是睽違了
三十四年以後的事。
她雖然短暫留在日本，
但沒多久之後
就回到了蘇聯……
當時的我則是……

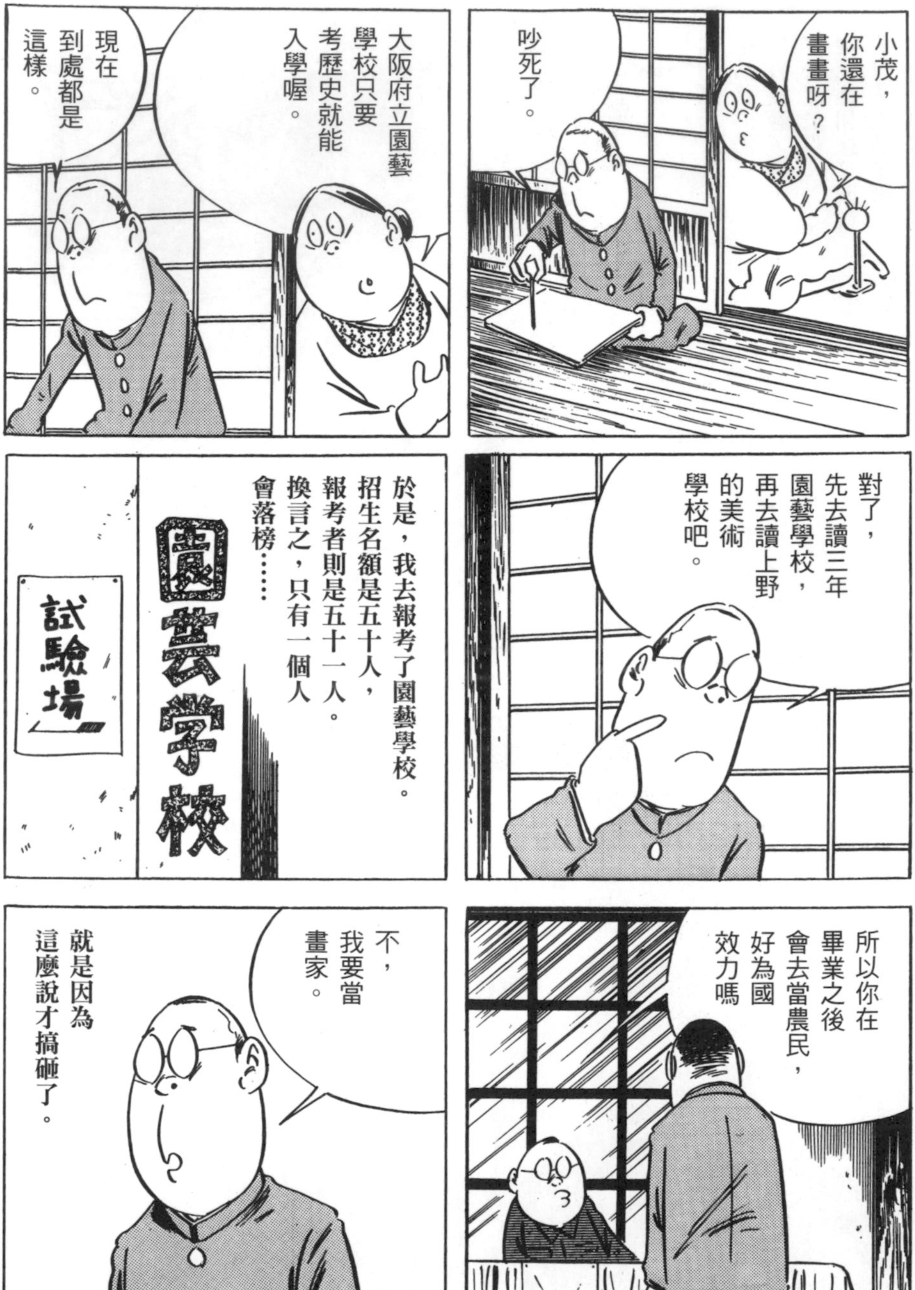
小茂，你還在畫畫呀？
吵死了。
大阪府立園藝學校只要考歷史就能入學喔。
現在到處都是這樣。
對了，先去讀三年園藝學校，再去讀上野的美術學校吧。
於是，我去報考了園藝學校。招生名額是五十人，報考者則是五十一人。換言之，只有一個人會落榜……
園芸学校
試驗場
所以你在畢業之後會去當農民，好為國效力嗎
不，我要當畫家。
就是因為這麼說才搞砸了。

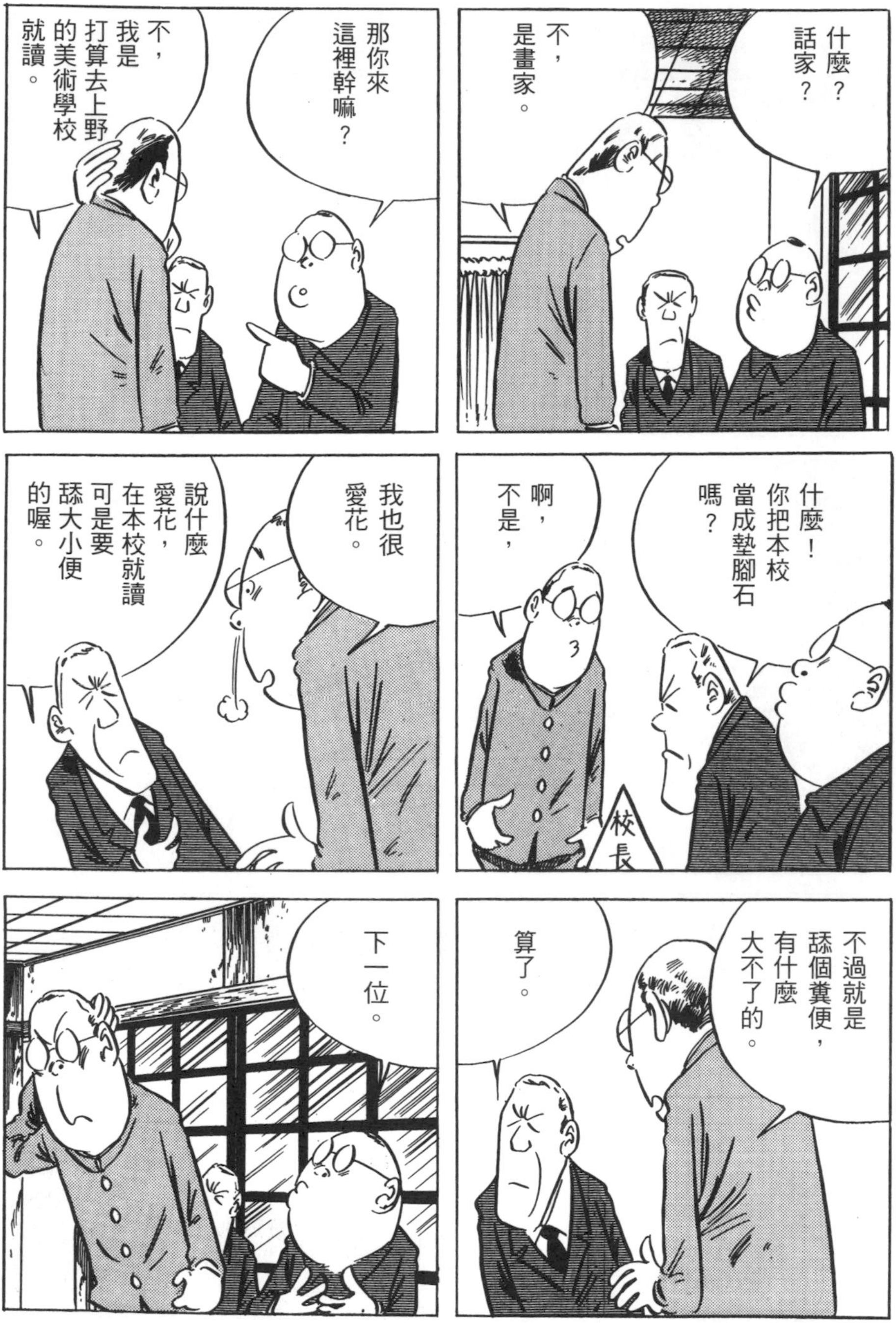
什麼？話家？
不，是畫家。
那你來這裡幹嘛？
不，我是打算去上野的美術學校就讀。
什麼！你把本校當成墊腳石嗎？
啊，不是，
校長
我也很愛花。
說什麼愛花，在本校就讀可是要舔大小便的喔。
不過就是舔個糞便，有什麼大不了的。
算了。
下一位。

今天不是放榜的日子嗎？
沒問題吧？
說這什麼話……
幾乎就跟不用考試一樣…應該每個人都會考上吧。
去現場一看，不知為何，只有我的名字找不到！
不管正面是反面，全都找不到！
我落榜了!?

而在支那事變爆發約一個月之後，拍板敲定了國民精神總動員的實施要綱。
十月，創立了國民精神總動員中央聯盟。為了節省電力，「別再燙頭髮了」；
而為了儉約，中餐就「好好享用※日之丸便當吧」等等，
囉哩叭唆、囉哩叭唆的，只要一張嘴就在高喊「奢侈是大敵」，就像這樣…
唉，這個不好過的時代終於來臨了。

※「日之丸便當」……即酸梅配上白飯，如日本國旗的便當。

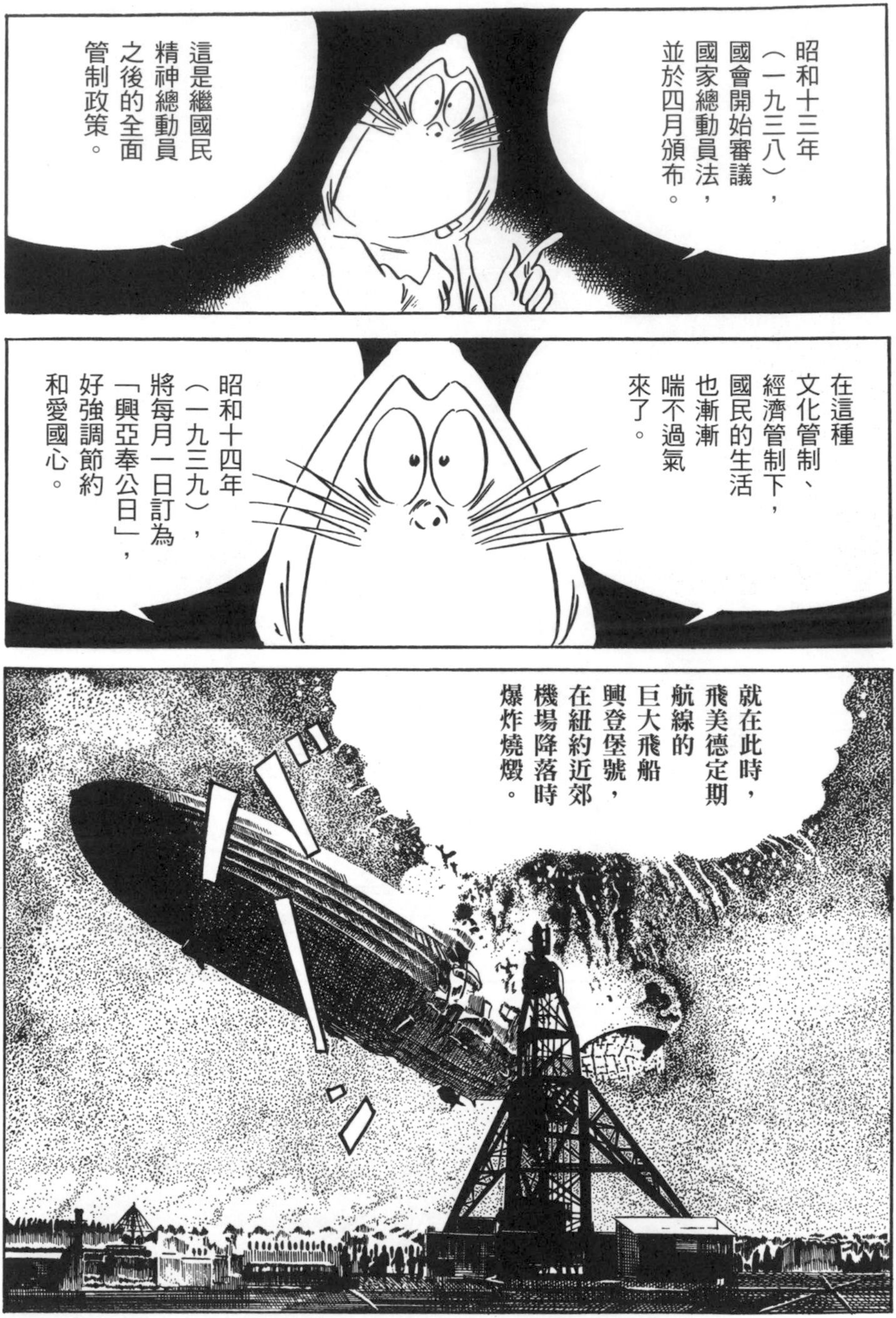
昭和十三年（一九三八），國會開始審議國家總動員法，並於四月頒布。
這是繼國民精神總動員之後的全面管制政策。
在這種文化管制、經濟管制下，國民的生活也漸漸喘不過氣來了。
昭和十四年（一九三九），將每月一日訂為「興亞奉公日」，好強調節約和愛國心。
就在此時，飛美德定期航線的巨大飛船興登堡號，在紐約近郊機場降落時爆炸燒燬。

＊砰—隆

昭和十一年，勞動節遭禁。昭和十二年三月，文部省發行了
昭和史
《國體之本義》，書中不僅共產主義，就連個人主義、自由主義都遭排斥，只主張「絕對服從天皇」。
昭和十二年末，以事變為契機展開思想鎮壓。約四百名工運人士因違反治安維持法而被捕。
昭和十三年二月，大內兵衛、美濃部亮吉等學者團體遭到逮捕。
戰爭絲毫沒有落幕的跡象，仍在持續擴大。
毎日 牛乳

昭和十二年末攻陷南京一個月後，昭和十三年一月，日本政府宣告中止與中國談和。
並表示「不再理會國民政府」。明明不跟國民政府對談，戰爭就不會落幕，但其實這項聲明是日本打算另創政府的後盾。

三月二十八日，在南京成立了「中華民國維新政府」這個傀儡政權。

＊砰—隆　　＊轟隆

昭和十三年
五月十九日，
日本佔領了徐州。
二月，雖然暫時決定
不再擴大戰線，
卻又立刻遭到推翻。

徐州既是連結
華北和華中的要衝，
也是讓南京維新政府
得以和北方聯手合作
的重要
據點。
雖然
從三月
便展開
攻勢，
中國軍
卻以
四十萬兵力
佔了優勢，
到了四月
反倒是
日軍連連
敗退。

不過就連原本拿來對付蘇聯的北支派遣軍和中支派遣軍，日軍都調來展開大規模的包圍作戰。
五月十九日，雖然成功佔領徐州，中國軍卻巧妙脫離了包圍網，沒受到多大損傷。儘管佔領了當地，卻很難稱得上是成功。
佔領徐州的兩個月之後，在蘇滿邊界的張鼓峰爆發了軍事衝突。
因為這一帶是豆滿江流域，地形始終不太穩定，國界也始終定不下來……
這也成了翌年**諾門罕事件**的伏筆。

佔領徐州之後，參謀本部曾打算進一步佔領武漢地區，此地自古以來便是貿易和軍事中心。
在武漢作戰的當下，同時也發動了廣東作戰，計劃從南海出兵佔領廣東，
好切斷英美從南方進行支援的「援蔣路線」，並分散中國軍的勢力。

歷經苦戰，武漢三鎮終於在十月二十七日落入日軍手中。
在此之前遷都至四川省重慶的國民政府，則受到相當重的打擊。
究竟持續
到何時
這泥沼呀
這首歌是由藤原義江在昭和七年所演唱的〈討匪行〉，歌曲開頭描述了和中國游擊隊之間的戰鬥。

「究竟持續到何時這泥沼」不僅象徵了中日戰爭的未來局勢，同時也象徵了當時的我。究竟有沒有辦法獨當一面、自力更生呢？

第14章 究竟持續到何時這泥沼呀

*磅

在處處碰壁之下，別無他法，我只好嘗試擠進M電器當工人。不知松下幸之助先生是否很欠缺人手，讓我不用考試就錄取了……
M電器工場
喂，你來這邊敲釘子。
這裡怎麼全是女生，只有我一個男生。
堂堂大男人，怎麼可以在這跟女生一起敲釘子。
不好意思。
幹嘛，有什麼不滿嗎？
請讓我做比較有男子氣概的工作。
這樣啊，有男子氣概的工作。

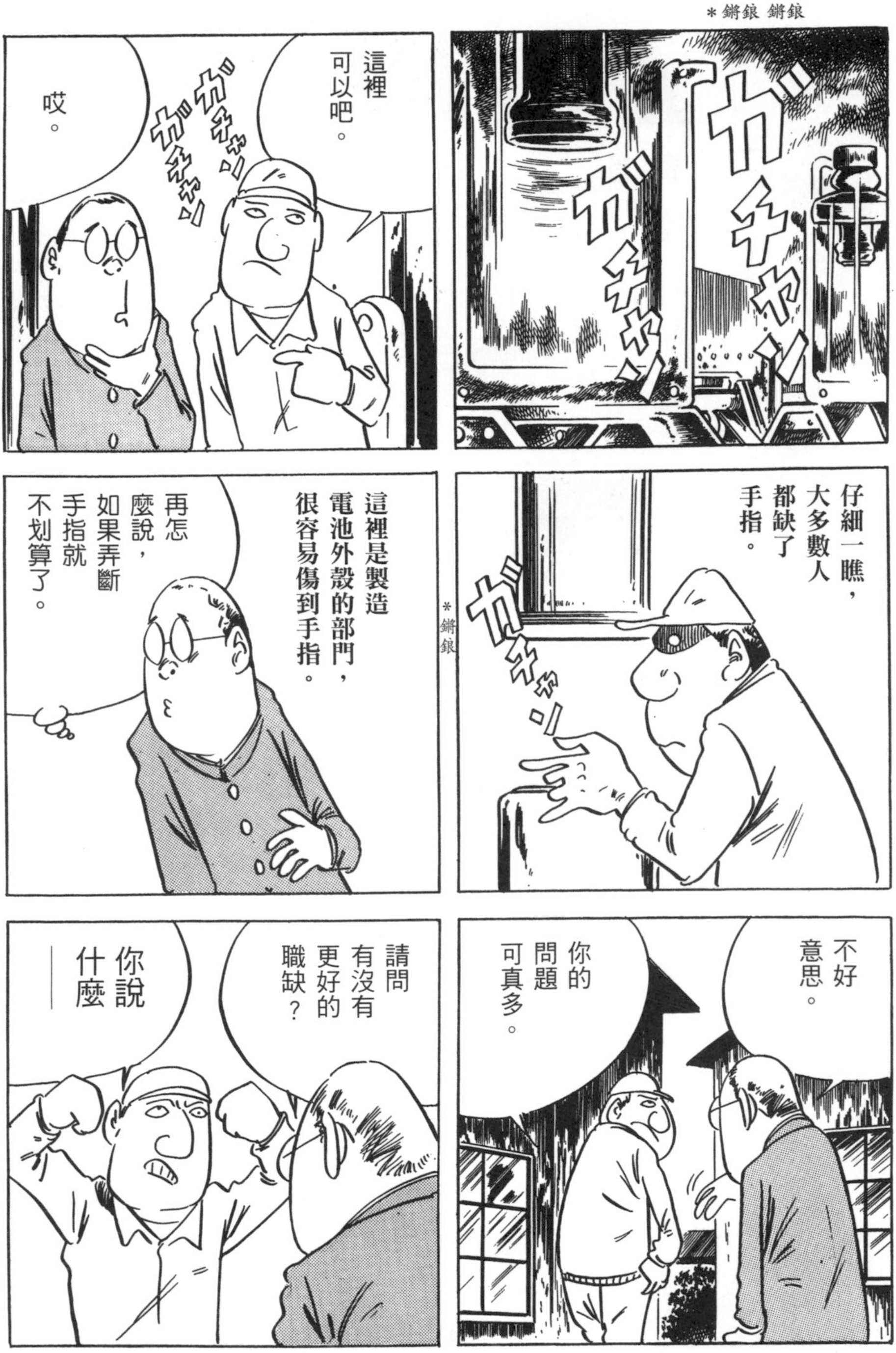
＊鏘鋃 鏘鋃
ガチャン
ガチャン
這裡可以吧。
ガチャン
ガチャン
哎。
仔細一瞧，大多數人都缺了手指。
ガチャン
＊鏘鋃
這裡是製造電池外殼的部門，很容易傷到手指。
再怎麼說，如果弄斷手指就不划算了。
不好意思。
你的問題可真多。
請問有沒有更好的職缺？
你說什麼——

好了好了，不要吵架。
這傢伙是這裡有毛病。
原來如此。
你要不幹也可以喔。
啊，要我別幹了是吧，還真快呢。
就在此時，在南方爪哇大獲成功的爺爺捎來書信。
爪哇如今正盛傳日本南進說搞得人心惶惶，如果現在去開發人壽保險的話，保證一定會成功……原來如此。

喂，我要去「爪哇」了。彥一和老爸都在那裡。
老公，你是發瘋了嗎？
笨蛋，我就快變成有錢人了。
明明欠了一屁股債，還在作什麼白日夢。
老爸勇敢地搭上船，航向開戰前的爪哇……
哈哈哈哈

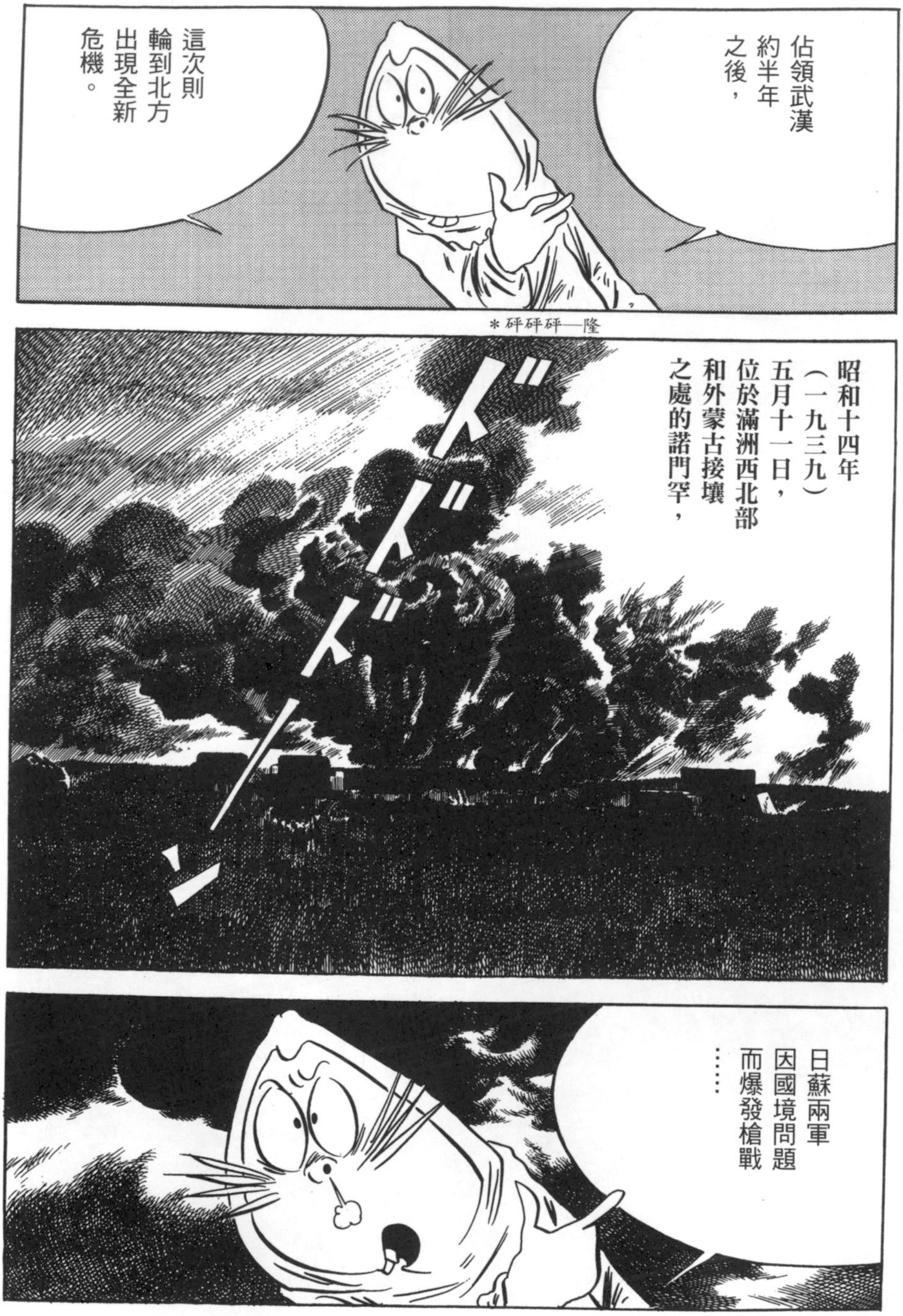
佔領武漢約半年之後，
這次則輪到北方出現全新危機。
＊砰砰砰—隆
ドドドドドーン
昭和十四年（一九三九）五月十一日，位於滿洲西北部和外蒙古接壤之處的諾門罕，
日蘇兩軍因國境問題而爆發槍戰……

雖然現狀就陸軍中央的判斷，最好避免跟蘇聯全面開戰，希望能以局部戰的形式落幕，
皇軍是無敵的！
不可能輸給區區蘇聯！
當地的關東軍卻被沖昏了頭，甚至還在五月二十八日出動大批部隊，朝蘇聯蒙古軍發動攻擊。

這是因為自信於己方擁有一百二十機的空中優勢。
不過就防空砲火的反擊，以及坦克的地面戰力來看，則是蘇聯勝出一籌。

讓日軍一舉吞了敗仗。
ガ

*轟——

軍方中央雖然希望儘快收場…
關東軍卻不改強悍立場，持續投入戰鬥。
到了八月二十日，終於演變成正式衝突。
朱可夫將軍所率領的蘇聯軍，以大規模的火力、空軍戰力，
＊轟—轟—
乃至於最新的坦克部隊，展開反攻。
ガーッ
ガーッ

相對的，日軍雖然在玻璃瓶中裝進汽油，
以汽油彈攻擊坦克，但在最新型的坦克面前也只是徒勞。
隨著連隊長接連戰死、自殺，軍方中央決定解除司令官等人的職務，斷然中止作戰。
蘇聯這邊考慮到歐洲局勢動盪不安，
也希望戰事不要拖得太長。
日本對駐莫斯科大使下令，停戰協定從九月十六日開始生效。

在諾門罕事件中，蘇聯、蒙古軍死傷共計九千人。
相對的，日軍則高達一萬七千人。

＊轟隆—　＊砰砰砰砰砰

至於歐洲這邊，德國則和蘇聯合力進攻波蘭。
ゴオー
ドドドド

＊嗡——

＊砰—隆

英法同時向德國宣戰，
第二次世界大戰在此揭開序幕。
此時，※東條英機則以陸軍大臣
的身份在日本登場亮相。

※「東條英機」（一八八四～一九四八）……陸軍大將。為統制派永田鐵山的接班人。於二戰時期（一九四一～一九四四）擔任內閣總理大臣，任內爆發太平洋戰爭。戰後，在東京審判中以甲級戰犯的身份被判處絞刑。

神機終於到來。為了確保東亞的永治久安，非建立起新秩序不可。
東條是一個認真過了頭的男人。國民的臉上也因而失去了笑容。在「勝利之前什麼都不想要」、「奢侈是大敵」等標語的包圍之下，不知從何時開始，國民也被無止盡的痛苦重重包圍。

漫畫昭和史　滿洲事變～中日全面戰爭｜完

主要参考文献

《1億人の昭和史》　毎日新聞社

《決定版昭和史》　毎日新聞社

《現代人名情報辞典》　平凡社

《広辞苑》　新村出・編　岩波書店

《国語辞典》　講談社

《コンビの研究》　半藤一利　文藝春秋

《最新昭和史事典》　毎日新聞社

《写真集　日本の軍艦》　福井靜夫　KKベストセラーズ

《写真週報》（昭和16年7月9日版）　内閣印刷局

《十五年戦争時代目録》（上・下）　松田光生　葦書房

《昭和史探訪》（1・昭和初期）　三國一利・井田麟太郎　角川書店

《昭和の反乱　三月クーデターから二・二六事件まで》（上・下）　石橋恒喜　高木書房

《昭和の歴史》（文庫版1〜7）　小學館

《世界地理風俗大系》　新光社

《大事典Ｄｅｓｋ》　講談社
《大東亜戦争・海軍作戦写真記録》（昭和17年12月1日版）　大本營海軍報道部編纂
《太平洋戦争》（中公新書84）　児島襄　中央公論社
《天皇陛下の昭和史》（87年版）　雙葉社
《20世紀全記録》　講談社
《日本海軍艦艇発達史》　潮書房
《日本近現代史辞典》　東洋經濟新報社
《日本軍閥暗闘史》（中公文庫）　田中隆吉　中央公論社
《日本史年表》　河出書房新社
《日本の戦史》　毎日新聞社
《日本の歴史》（週刊朝日百科）　朝日新聞社
《日本の歴史》（第24巻　中公文庫）　大内力　中央公論社
《敗因を衝く—軍閥専横の実相》（中公文庫）　田中隆吉　中央公論社
《報道写真にみる昭和の40年》　讀賣新聞社

大河 20

漫畫昭和史(1)

コミック昭和史(1)

作者——水木茂
譯者——酒吞童子
執行長——陳蕙慧
總編輯——李進文
責任編輯—陳柔君
編輯——徐昉驊、林蔚儒
行銷總監—陳雅雯
行銷企劃—尹子麟、余一霞
封面設計—霧室
排版——極翔企業有限公司

出版者——遠足文化事業股份有限公司(讀書共和國出版集團)
地址——231新北市新店區民權路108-2號9樓
電話——(02)2218-1417
傳真——(02)2218-0727
電郵——service@bookrep.com.tw
郵撥帳號—19504465
客服專線—0800-221-029
網址——http://www.bookrep.com.tw
Facebook—日本文化觀察局(https://www.facebook.com/saikounippon/)
法律顧問—華洋法律事務所 蘇文生律師
印製——呈靖彩藝有限公司

初版一刷 西元2017年11月
初版十四刷 西元2023年11月